はしがき

　本書は，新潟大学死因究明教育センターと新潟大学法学部が連携して開講するＧコード科目（一般教養科目）「死因究明と法」のテキストとして刊行するものです。

　近年，学部教育においても，社会や実務を踏まえた教育が求められていますが，法学部で学ぶ刑事法や民事法の条文や判例・学説が実際の司法の現場でどのように使われているのかを学ぶ機会は少ないと思われます。また，法医学を学ぶ学生にとっては，自らの修得した知見が司法の現場でどのように活用されるか，あるいは，裁判手続の中で，法医学の知見を有しない法曹関係者や裁判員に，いかにして専門的知見から得られた結果を正確に伝えるかについて学ぶ機会は，より少ないように思われます。

　本書は，そのような学びの機会を提供するため，人の死が関わる法律問題（刑事事件・民事事件）を解決するにあたり死因究明が果たす役割を意識しつつ，司法の現場で必要とされる民事法および刑事法の知識について，法学研究者と法曹実務家が共同し，具体例を用いて，初学者にもわかりやすく執筆しました。

　すでに法律学や法医学を学んだ人にとっても，これから学ぶ人にとっても，有益なテキストだと考えています。ぜひ本書を手にとり，興味のある章から読み始めていただければ幸いです。

　なお，本書の刊行にあたっては，新潟大学死因究明教育センターに多大なご支援を賜るとともに，信山社の今井守氏にご尽力をいただきました。記して謝意を表したいと思います。

　2021年9月

編者を代表して

田中　良弘

刊行によせて

新潟大学死因究明教育センター長　高塚 尚和

　新潟大学では平成29年に死因究明教育センターを開設し，「災害・脳・法律に精通した死因究明に携わる高度専門職業人養成プログラム」（文部科学省 国立大学運営費交付金）を実施しています。本プログラムでは死因究明等に関係する法律の知識を兼ね備えた高度専門職業人の養成を柱の一つとしており，今回，教材として，法学部と連携して，テキストブックを刊行することになりました。

　死因究明の現場等で求められる法律について，初学者でも理解できるようにわかりやすく解説されていますので，入門書としてご活用していただきたいと思います。

（たかつか ひさかず）

新潟大学法学部長　渡辺 豊

　新潟大学法学部では，20年以上にわたり「法医学」の講義を医学部の協力を得て開講してきました。同時に，法学部スタッフによる医学部向けの講義も提供してきました。本書は，新潟大学死因究明教育センターと法学部の連携による教育・研究の成果の一つです。多様な視点から，死因究明に関する重要な法律上の問題を取り上げ，わかりやすく解説している点に本書の特徴があるといえます。本書刊行に際して編者・著者の皆様に敬意を表します。

　本書を通じて，法律や人の死が社会とどのような関わりを持つのかについて理解するきっかけになれば幸いです。

（わたなべ ゆたか）

田中良弘・稲田隆司・若槻良宏 編

テキストブック

法律と死因究明

目　　次

著 者 紹 介

編 著 者

田中 良弘 （たなか よしひろ）
立命館大学法学部教授・新潟大学客員教授・弁護士
担当：第 1 章，第 8 章，第 9 章

稲田 隆司 （いなだ たかし）
新潟大学法学部教授
担当：第 3 章，第 4 章

若槻 良宏 （わかつき よしひろ）
弁護士，元新潟大学法学部准教授
担当：第 6 章，第 15 章

著 者

岩嵜 勝成 （いわさき かつなり）
新潟大学法学部准教授
担当：第 5 章，第 12 章

近藤 明彦 （こんどう あきひこ）
新潟大学法学部教授，弁護士
担当：第 13 章，第 14 章

櫻井 香子 （さくらい きょうこ）
新潟大学法学部准教授，弁護士
担当：第 7 章，第 10 章，第 11 章

本間 一也 （ほんま かずや）
新潟大学法学部教授
担当：第 2 章

第1部

導 入 編

第 1 章

法律問題と死因究明

Ⅰ　ガイダンス

1．本テキストの目標

　人の死が関係する法律問題を解決するにあたって，死因究明は重要な役割を果たします。本テキストでは，法律と死因究明の関係について，導入編・基礎編・実践編にわけて解説します。

　本テキストの主な目標は，以下の 3 つです。

本テキストの目標

① 死因究明と関連する基本的な法律の概要を知る。

② 法律問題を解決するにあたり，死因究明がどのような役割を果たすのかを知る。

③ 司法の現場において，死因究明に関連する手続がどのように行われるのかを知る。

---

① 死因究明と関連する基本的な法律の概要を知る

　本テキストの第1の目標は，死因究明と関連する基本的な法律の概要を知ることです。

　法律問題には，罪を犯した者に刑罰を科す**刑事事件**と，私人間の法律関係に関する紛争である**民事事件**があります。本テキストでは，死因究明と関連する法律のうち，刑事事件に関わる基本的な法律として，犯罪や刑罰について定める**刑法**と，犯罪が疑われる事件の真相を明らかにして犯人に刑罰を科すための手続について定める**刑事訴訟法**の概要について学ぶとともに，民事事件に関わる基本的な法律として，私人間の基本的な法律関係について定める**民法**と，私人間の法律関係を確定させるための裁判手続について定める**民事訴訟法**の概要について学びます。

② 法律問題を解決するにあたり，死因究明がどのような役割を果たすのかを知る

　本テキストの第2の目標は，人の死に関連する法律問題を解決するにあたり，死因究明が果たす役割を知ることです。

　例えば，殺人事件が発生した場合，被害者がどのような原因で死亡したのかを知ることは，**犯行の態様や動機**などを解明する上で，とても重要な役割を果たします。また，死因を究明することは，民事上の**損害賠償責任**の有無や程度を判断するにあたっても，重要な役割を果たします。

　本テキストでは，具体的な事例を題材に，人の死に関連するさまざまな法律問題を解決するにあたって死因究明がどのような役割を果たすのかについて学びます。

3

③ 司法の現場において，死因究明に関連する手続がどのように行われるのかを知る

　本テキストの第3の目標は，司法の現場において，死因究明に関連する手続がどのように行われるのかを知ることです。

　刑事事件・民事事件のいずれについても，司法手続においては，法律に基づいた慎重な手続が行なわれます。そのため，死因究明に携わる関係者は，裁判における**立証活動**を念頭において，業務を行う必要があります。

　本テキストでは，司法の現場において，死因究明に関連する手続がどのように行われるのかについて学びます。

2．本テキストの内容

　以上の3つの目標を達成するため，本テキストでは，法律学を専門とする研究者および法曹実務家（弁護士）が，死因究明が重要となる法律問題について，導入編（第1章），基礎編（第2章～第6章），実践編（第7章～第15章）にわけて解説します。

　それぞれの章は密接に関連しますが，個別に執筆されているため，興味のある章から読んでいただいても問題ありません。例えば，既に刑法・刑事訴訟法や民法・民事訴訟法について十分に知っている方は，導入編の後，基礎編を飛ばして実践編から読んでいただいても構いませんし，また，刑事事件にとても興味があるという方や，逆に民事事件にしか興味がないという方は，導入編や実践編の刑事事件に関する部分だけ，あるいは民事事件に関する部分だけ，という読み方をしていただいても大丈夫です。

Column　本テキストの使用例

　新潟大学では，本テキストを主に一般教養科目「死因究明と法」で用いますが，当該科目を履修する学生の大部分が法学部生で，既に民事法や刑事法の知識を有していることから，基礎編は各々の学生が復習や自習に用いることにして，実践編を中心に講義を行っています。

　また，専門科目「法医学」の参考テキストとして使用することも想定しています。医学部の学生は，民事法や刑事法の基礎を学びつつ，死因究明が司法の現場でどのような役割を果たすかを知ることで，より具体的な場面を想定しつつ，法医学の理論や技能を修得することが可能となります。

　このように，大学で学ぶ法律学や法医学の知識が社会の現場でどのように活かされているのかを知り，社会で役に立つ能力へと昇華させることも，本テキストの重要な目的です。

---

① 導入編（第 1 部）

　導入編では，本テキストの目標や内容について説明した後，死因究明が問題となった実際の刑事事件および民事事件を題材に，具体的な事案において死因究明が果たす役割について解説します。

② 基礎編（第 2 部）

　基礎編では，死因究明に関連する基本的な法律の基礎について解説します。具体的には，まず，人の死が関わる刑事事件について学習する前提として，刑法と刑事訴訟法の基礎について，死因

究明と関連する事項を中心に解説します（第2章～第4章）。次に，人の死が関わる民事事件について学習する前提として，民法と民事訴訟法の基礎について，死因究明と関連の深い事項を中心に解説します（第5章，第6章）。

　これまで法律を学習する機会がなかったという方は，ぜひともこの機会に，上記の各法律について学んでみてください。また，法律を学んだことのある方も，死因究明という観点から復習してみると，あらたな発見があると思います。

③ 実践編（第3部）

　実践編では，刑事事件と民事事件にわけて，それぞれにおいて死因究明が果たす役割について解説します。

　刑事事件の実践編である第3部では，まず，刑事事件のはじまりを意味する捜査の端緒や，その後の捜査活動において死因究明が果たす役割について解説します（第7章）。次に，具体的な事案を想定して，ⓐ人の死という結果が犯罪によって生じたか否か（**事件性の有無**）や，ⓑ犯人に殺意があったか否か，犯人の行為と人の死という結果の間に因果関係があるか否か（**犯罪構成要件該当性**）を判断する前提となる**事実認定**（☞p.7 *Keyword*）の際に，死因究明が果たす役割について説明します（第8章，第9章）。さらに，死因究明に携わる医師や警察官などが刑事裁判における立証活動において果たす役割，具体的には鑑定や証人尋問のポイントについて解説します（第10章，第11章）。

　民事事件の実践編では，まず，人の死が関わる民事紛争において死因究明が果たす役割について解説します（第12章）。次に，民

事上の損害賠償請求の事案を想定して，ⓐ被告に過失があったか否か（**過失の有無**）や，ⓑ被告の行為から人の死という結果が生じたことが社会通念に照らして相当といえるか否か（**相当因果関係の有無**）を判断する前提となる事実認定の際に，死因究明が果たす役割について説明します（第13章，第14章）。さらに，民事裁判における立証活動について，鑑定書や証人尋問等が果たす役割について解説します（第15章）。

Keyword 「事実認定」

　事実認定とは，司法判断をするあたり，その前提となる事実関係を認定することをいいます。

　刑事裁判においては，事実認定は必ず証拠に基づいて行われなければなりませんが，民事裁判においては，当事者間に争いのない事実は，証拠がなくとも判決の前提となります（弁論主義の第2原則）。これは，起訴された者（被告人）に対して刑罰を科すかどうかを決めるための手続である刑事裁判と異なり，民事裁判は，私人間の紛争を解決するための手続であるため，証拠による厳格な事実認定よりも当事者の意思を尊重すべきであるという考え方に基づくものです。

　なお，最終的な事実認定は裁判所が行いますが，刑事事件においては，検察官も，犯人と疑われている者（被疑者）を起訴するか否かについて判断するにあたり，捜査活動によって収集された証拠から事実認定を行います。

II　法律問題における死因究明の役割

1．死因究明の役割

　日本の社会では，法律に基づいてさまざまなルールが設けられていますが，それらのルールすべてに死因究明が関係するというわけではありません。例えば，金銭の貸し借りについては民法に定めがありますが（民法587条以下），金銭の貸し借りをめぐる法律問題に死因究明が関わってくることは，通常は考えられません。

　しかし，金銭の貸し借りでトラブルになっていた当事者の一方がビルの屋上から転落して死亡したとしたらどうでしょうか。このような場合，自殺なのか事故死なのか，それとも犯罪死なのか（☞p.9 *Column*）を明らかにして，犯罪死の場合には，犯人を特定して刑事責任を追及する必要があります。また，亡くなる直前に生命保険に加入していた場合，自殺であれば保険金は支払われませんし，自殺でなくても，保険金の受取人が被保険者を殺害したのであれば，やはり保険金は支払われません。

　このように，刑事事件においてはもちろん，私人間の法律関係が問題となる民事事件においても，人の死が関わっている場合には，死因究明が重要な役割を果たします。

(1) 刑事事件における死因究明の役割

　刑事事件の犯人に刑罰を科すには，刑事裁判において，起訴された者（被告人）が犯人であり，被告人の行為が犯罪構成要件に該当することを，証拠に基づいて認定・判断する必要があります。

　しかし，被害者が死亡している場合，最も重要な証拠のひとつである被害者の供述を得ることができません。そこで，遺体の状況などから，ⓐ被害者が事故や自殺ではなく犯罪によって死亡したといえるか（**事件性**），ⓑ被告人が犯人であると認められるか

Column　様々な「死」

　外傷・中毒・窒息といった外的要因による死のことを「外因死」いいます。主な外因死としては，事故による死（事故死）や犯罪による死（犯罪死）が挙げられますが，自殺や自然災害による死も外因死に含まれます。

　これに対し，「内因死」とは，病気による死（病死）のことを意味します。同じような言葉として「自然死」がありますが，老衰による死を意味するため，厳密には内因死とは異なります。また，内因死であるからといって，犯罪死でないとは限りません。誤診により適切な治療を受けることができず患者が病死したときは，医師に業務上過失致死罪（刑法211条前段）が成立する可能性があります。この場合，内因死であり，かつ，犯罪死でもあるということになります。

　そのほかにも，「変死」（刑事訴訟法229条参照）や「異常死」（医師法21条参照）という用語があり，外因死と同じ意味で用いられることがありますが，変死は，犯罪による死亡の疑いがある死のことを意味し，異常死は，異常があると認められる死のことを意味するため，外因死と完全に同じ概念ではないことに注意する必要があります。

（**犯人性**），ⓒ被告人の行為が犯罪に該当するか（**犯罪構成要件該当性**）を，明らかにする必要があります。

　このように，人の死が関わる刑事事件においては，被害者がどのような原因で死亡したのかを明らかにする（**狭義の死因究明**）だけでなく，事件性の有無を含め，いつ，どこで，誰が，どのような方法で，何をしたか，をできる限り明らかにすること（**広義の死因究明**）が求められます。

　なお，刑事事件における具体的な事実認定の方法については，第8章および第9章で取り上げます。

(2)　民事事件における死因究明の役割

　公権力を用いて真相を解明して罪を犯した者に刑罰を科す刑事事件と異なり，民事事件においては，私人と私人との間の法律関係が問題となります（国家賠償請求のように国や地方公共団体が民事事件の当事者になることもありますが，その場合であっても，刑事事件とは異なり，民事事件においては，国や地方公共団体は，あくまで私人と同じ立場で事件の当事者となります）。

　しかしながら，民事事件においても，法律問題に人の死が関わっている場合には，民事上の権利義務関係を明らかにするため，ⓐ死の責任を負うべき者がいるか，ⓑ被害者にも責任があったといえるか，などをできる限り明らかにする必要があります。

　このように，民事事件においても，狭義の死因究明だけでなく，広義の死因究明が求められます。

　なお，民事事件における具体的な事実認定の方法については，第13章および第14章において取り上げます。

2．死因究明が問題となった具体的事例（刑事事件）

　死因究明のあり方が見直される契機となった事件として，2006年に発覚したガス湯沸かし器による一酸化炭素中毒死事件と，2007年に発覚した相撲部屋における傷害致死事件が挙げられます。

　いずれも刑事事件として立件され関係者が有罪となっていますが，ここでは，2007年の相撲部屋における傷害致死事件を紹介します。なお，ガス湯沸かし器による一酸化炭素中毒死事件は民事事件として後述3で取り上げます。

発覚の経緯とその後の経緯

　後に集団暴行による傷害致死事件と判明したこの事件は，17歳の新弟子であった被害者が，心肺停止状態で病院に救急搬送されたことから発覚しました。

　報道によると，被害者を搬送した消防隊員は，被害者の外傷から不審死を疑い「労働災害の可能性あり。不審死の疑い」と警察に連絡していたとのことです。

　ところが，警察は，事件性はないと判断し，「被害者は虚血性心疾患によって死亡した」と発表しました。しかし，遺族の強い要望により，搬送先の病院とは別の病院で解剖が実施された結果，被害者の死因は病死ではなく，多発外傷による外傷性ショック死であることが判明しました。

　その後の捜査により，被害者が，救急搬送前に，集団暴行を受けていたことが判明し，親方や兄弟子らが傷害致死罪（刑法205条）で起訴され，有罪判決を受けています。

---

(1) 刑事事件における死因究明①：内因死か，外因死か

　本件は，当初，警察によって内因死（虚血性心疾患による心不全）と発表された被害者が，後に，外因死（多発外傷による外傷性ショック死）であったと判明した事件です。

　実は，救急搬送先の病院の医師は，被害者が急性心不全によって死亡したと診断したものの，その原因が心疾患とは診断していませんでした。しかし，所轄の警察署は，「稽古中に倒れた」という親方の供述などから事件性はないと判断し，県警本部に検視官の出動を要請せず，病死である旨の死体見分調書を作成しました。

　このことから，警察は，事件性がないという判断を先に行い，それを前提に被害者の死を内因死と判断したものと考えられます。つまり，本来は，司法解剖等により被害者の死の直接の原因を特定したり（**狭義の死因究明**），搬送直前の事実関係を含めて被害者が死に至った経緯を明らかにしたり（**広義の死因究明**）した上で，事件性の有無を判断する必要があるにもかかわらず，本件では，先に事件性はないと判断し，遺体の解剖をしないまま，虚血性心疾患による心不全であると発表したと考えられるのです。

　この事件は，その後，警察による犯罪の見逃しであるとしてマスコミに大きく取り上げられ，わが国の死因究明のあり方が見直されるきっかけとなりました。

(2) 刑事事件における死因究明②：犯罪による死か，不幸な事故か

　上記のように，本件では，当初，事件性の有無や被害者の死因が問題となりましたが，実は，その後の刑事裁判においては，刑法上の違法性阻却事由である**正当行為**の成否が争点となりました。

　正当行為とは，形式的には犯罪構成要件に該当するものの，実質的な違法性を欠くために罪とならない行為のことをいいます。例えば，ボクシングの試合で相手を殴ることは，暴行罪（刑法208条）の犯罪構成要件に該当しますし，相手が怪我をした場合は傷害罪（刑法204条）の，相手が死亡した場合は傷害致死（刑法205条）の犯罪構成要件に該当しますが，ボクシングは社会的に認められているスポーツであるため，ルールを守っている限り，実質的な違法性を欠き罪にはなりません。

　しかし，指導や練習には，試合と異なり厳格なルールが適用されないことも多く，スポーツであるからといって一概に正当行為であるとはいえません。生命の危険のある度を超した指導や練習は，社会的に許容される範囲を超えたものと判断され，違法性が阻却されずに犯罪が成立する（有罪となる）こともあり得ます。

　本件では，傷害致死罪で起訴された親方は，刑事裁判において，自らが指示した「ぶつかり稽古」は正当行為であり，違法性が阻却されるため，傷害致死罪は成立しないと主張しました。仮に，親方の主張が認められれば，犯罪は成立せず，被告人（親方）は無罪となります。このようなケースでは，被害者に犯行当時の状況を聞くことはできないため，ぶつかり稽古が正当行為であるか，つまり，社会的に許容される稽古であったといえるか否かを判断するにあたり，遺体に残された外傷等の客観的な事実から，被害者の死の直前の事実関係を明らかにする必要があります。

　このように，被害者の死が犯罪によるのか，それとも不幸な事故による死であるのかを解明するにあたっても，死因究明（広義の死因究明）が大きな役割を果たします。

(3) 裁判所の判断

　本件においては，刑事裁判において，被告人である親方の主張に対し，次のような判示がなされています。

東京高判平成22年4月5日高検速報(平22)号117頁

「〔本件ぶつかり稽古は〕被害者の真に自由な意思に基づいたものでないこと，入門後2か月に満たない技量，体力ともに未熟である新人の力士に対するものとして異例の長時間にわたり，苛酷な動きを強制し，複数の者が，棒や金属バットでの殴打を含め多数回にわたって有形力を加えながら，それまでに身体にダメージを受けていた被害者に対し，これを認識しつつ行われた，正常な稽古の範囲を明らかに逸脱したものであること，また，こういったことなどから本件ぶつかり稽古に制裁の目的が含まれていたと認められることなどを総合すると，本件ぶつかり稽古に際し兄弟子が被害者に手加減をしていたことがあったこと，本件相撲部屋の後援会会員が本件ぶつかり稽古を見学していたこと……，ぶつかり稽古に時間がかかる場合があり，そこで殴打行為が行われることがあることなど所論の指摘する事情を併せても，……正当業務行為に当たらず，違法な暴行であったというべきである」

　このように，裁判所は，ⓐ本件ぶつかり稽古が被害者の真に自由な意思に基づいたものでないこと，ⓑ入門後2か月に満たない技量，体力ともに未熟である新人の力士に対するものとして異例の長時間にわたり，苛酷な動きを強制し，複数の者が，棒や金属

バットでの殴打を含め多数回にわたって有形力を加えながら，それまでに身体にダメージを受けていた被害者に対し，これを認識しつつ行われた，正常な稽古の範囲を明らかに逸脱したものであったこと，ⓒ本件ぶつかり稽古に制裁の目的が含まれていたと認められることなどを総合して，本件ぶつかり稽古は正当行為（正当業務行為）にあたらない，と判断しました。

　上記の判断の基礎となった事実は，関係者の供述によって認定されたものもありますが，いくつかの重要な事実（長時間にわたる暴行であること，複数の者による暴行であること，棒や金属バットでの殴打がなされたこと，身体にダメージを受けていた被害者に対して暴行が加えられたことなど）については，遺体の解剖結果が事実認定にあたって大きな役割を果たしたと考えられます。

　このように，本件においては，事件の発覚時のみならず，訴追後の刑事裁判の場においても，死因究明（広義の死因究明）が重要な役割を果たしていることがわかります。

3．死因究明が問題となった具体的事例（民事事件）

　次に，民事事件において死因究明が問題となった具体的な事例をみてみましょう。

　上述のように，2006年に発覚した一連のガス湯沸かし器の動作不良による一酸化炭素中毒死事件は，刑事事件としても関係者が立件・起訴されて有罪となっていますが，ここでは，民事事件に焦点をあてて紹介します。

発覚の経緯とその後の経緯

　1996年3月，一人暮らしの21歳の男性が部屋で死亡しているのが，訪ねてきた友人によって発見されました。その後，東京都監察医務院による死体の検案が行われましたが，警察は，遺体に外傷がなかったことなどから事件性はないと判断し，遺族に対して「病死ではないか」と説明していました。

　しかし，10年後の2006年，遺族が東京都監察医務院に死体検案書の交付申請をしたところ，検案書の記載から，死亡時の血中一酸化炭素濃度が80％を超える高濃度であり，男性が一酸化炭素中毒によって死亡していたことが判明しました。

　そこで，遺族が死体検案書を根拠に警察に再捜査を依頼したところ，ガス湯沸かし器の安全装置の不作動による不完全燃焼を原因とする一酸化炭素中毒死であったことが判明し，その後，同じメーカーのガス湯沸かし器の安全装置の不作動に起因する事故が1985年以降に少なくとも28件発生しており，死者は21人にのぼることが発覚しました。

　なお，この一連の事件については，ガス湯沸かし器メーカー等が民事上の損害賠償責任を負ったほか，刑事事件としても，2005年に発生した一酸化炭素中毒死事件について，ガス湯沸かし器メーカーの元社長らが業務上過失致死（刑法211条）の事実で起訴され，有罪判決を受けています。なお，1996年に発生した事件については，遺族が一酸化炭素中毒死であることを知った2006年の時点で，すでに業務上過失致死罪の公訴時効（刑事訴訟法250条）が経過していました。

(1) 民事事件における死因究明①：病死か，外因死か

　本件においても，警察は，事件発覚直後に事件性はないと判断し，遺族に対して「病死ではないか」と説明していました。詳細は不明ですが，警察は，死体検案の結果が判明する前に事件性はないと判断し，捜査を打ち切っていたものと考えられます。

　本件においても，先に紹介した相撲部屋における傷害致死事件と同様，本来は，死因を解明した上で事件性の有無を判断する必要があるにもかかわらず，警察は，先に事件性はないと判断し，それを前提に男性は病死したと判断したと考えられます。しかも，本件では東京都監察医務院において死体の検案が行われ，その結果，男性の死因が一酸化炭素中毒であることが判明していたにもかかわらず，遺族が死体検案書の交付申請をしてその内容を確認するまで，再捜査は行われませんでした。

　遺族から再捜査の依頼を受けた後，警察は時間をおかずに一酸化炭素の発生原因がガス湯沸かし器の動作不良であることを突き止めていますので，被害者の死因が一酸化中毒であることが客観的に判明した段階で直ちに警察が再捜査を行っていれば，その後に発生した死亡事故を含む一連の一酸化炭素中毒事故は発生していなかったかもしれません。また，この事件では，事件発生から10年後に遺族が死体検案書の交付申請をしていなければ，男性が一酸化炭素中毒で亡くなったことは発覚せず，当然，メーカー等に対して民事責任を追及することもできなかったと考えられます。

　これらのことから，この一連のガス湯沸かし器の動作不良による一酸化炭素中毒死事件も，わが国の死因究明が見直される大きなきっかけとなりました。

(2) 民事事件における死因究明②：誰に責任があるのか

　一連のガス湯沸かし器の動作不良による一酸化炭素中毒死事件は，ガス湯沸かし器の動作不良によって不完全燃焼が生じ，室内に高濃度の一酸化炭素が充満したことが原因となって発生したものですが，ガス湯沸かし器そのものには，不完全燃焼を起こさせるような欠陥はなかったと考えられています。

　実は，このガス湯沸かし器には，コントロールボックス内のハンダが劣化してハンダ割れが生じると，安全回路に通電しない状態となって，安全装置が働いた場合と同様，ガスの供給が止まり湯沸かし器が作動しなくなる，という欠陥がありました。この欠陥自体は，本来であればガス湯沸かし器が作動しなくなるというものであるため，それが原因で一酸化炭素が発生することはありませんが，作動しなくなったガス湯沸かし器を修理する際，安全回路に通電していなくてもガス供給が止まらなくなるようにするという不適切な修理が行われると，排気ファンが回らない状態であっても安全装置が作動しなくなり，その結果，不完全燃焼によって生じた一酸化炭素が排出されずに高濃度の一酸化炭素が室内に充満する危険性がありました。しかし，このような危険性は不適切な修理を行ったことが原因であるため，一酸化炭素中毒死の直接の責任は，そのような不適切な修理を行った設置業者にあることになり，ガス湯沸かし器を製造したメーカーが直ちに被害者の死について責任を負うとはいえません。

　このことから，遺族らが損害賠償を求めて提訴した民事裁判においては，メーカーも責任を負うか否かが問題となりました。例えば，1992年に発生した死亡事故については，裁判所は，当時，

ガス湯沸かし器メーカーには，そのような危険な安全装置の改造が行われることを予見することは困難であり，過失があったとはいえないとして，メーカーの損害賠償責任を否定し，安全装置の改造を行った設置業者のみの責任を認めました。

　このように，被害者の死亡という結果について誰に責任があるのかを判断するには，死因の直接の原因（本件では一酸化炭素中毒）だけでなく，当時の状況や事件に至る経緯を含めて解明する必要があります。

(3) 裁判所の判断

　ここでは，2005年に発生したガス湯沸かし器の動作不良による一酸化炭素中毒死に関する裁判所の判断（東京地判平成24年12月21日判時2196号32頁）をみてみましょう。

　裁判所は，遅くとも2001年1月頃には，メーカーは安全装置の改造を伴う不適切な修理がなされたガス湯沸かし器が全国に存在しており，一酸化炭素中毒事故が生じる危険性が高いことを認識していたと認定し，メーカーは，そのような事故を回避するため，「ガス湯沸かし器の所有者や使用者に事故の危険性や使用を中止すべきことを告知する義務」および「製造・販売されている同機種について直ちに一斉点検・回収を行う義務」を負っていたと判断し，メーカーの過失を認めて損害賠償責任を肯定しました。

　このような裁判所の事実認定および判断は，ⓐ1985年以降に生じた多くの死亡事故が一酸化炭素中毒によるものであることが判明していたこと，ⓑそのことをメーカーが把握していたこと，の2点を主な根拠とするものですが，このうちⓐについては，全国

各地で発生した死亡事故について死因究明が行われた結果であり，民事事件においても死因究明が重要な役割を果たすことを示すものといえます。

本章のポイント

- 刑事事件と民事事件のいずれについても，人の死が関わる場合には，死因究明が重要な役割を果たすことがある。
- 死因究明が重要な役割を果たす法律問題に関する基本的な法律として，刑法・刑事訴訟法・民法・民事訴訟法がある。
- 死因究明には，死因を明らかにする「狭義の死因究明」と，死の前後の状況（いつ，どこで，誰が，どのような方法で，何をしたか）を明らかにする「広義の死因究明」とがあり，法律問題を解決するにあたっては，狭義の死因究明だけでなく広義の死因究明も重要である。

〔主な参考文献〕
- 江花優子『君は誰に殺されたのですか ―パロマ湯沸器事件の真実―』（新潮社，2008年）
- 甲斐克則編『医事法辞典』（信山社，2018年）

第2部

基 礎 編

第2章

犯罪とは何か？

I　はじめに

1．本章の目的

　第2章では，人の死が関わる刑事事件について学習する前提として，**犯罪**や**刑罰**などについて定める刑法について学びます。ここでは，まず，刑法の意義や機能，特色について説明した上で，犯罪の意義と成立要件について解説し，さらに，死因究明と深く関わる犯罪の種類や構成要件について紹介します。

　本章の主な目的は，以下の3つです。

本章の目的

① 犯罪と刑罰に関する法律である刑法の意義と特色を知る。

② 犯罪の意義と成立要件について基本的な理解をする。

③ 死因究明と深く関わる犯罪の種類や構成要件を知る。

---

① 犯罪と刑罰に関する法律である刑法の意義と特色を知る

　本章の第 1 の目的は，死因究明に関連する具体的な犯罪の成立要件を理解する前提として，ⓐ犯罪と刑罰に関する法律である刑法の意義や構造，ⓑ他の法律と比較した場合の刑法の特色，ⓒ刑法の果たす機能について知ることです。

② 犯罪の意義と成立要件について基本的な理解をする

　本章の第 2 の目的は，犯罪とは何かについて理解することです。本章Ⅲ 1 で詳しく解説しますが，犯罪とは「構成要件に該当する違法かつ有責な行為」です。このような定義がされるのはなぜか，こうした定義がなぜ重要なのかについて理解することが重要です。

③ 死因究明と深く関わる犯罪の種類や構成要件を知る

　本章の第 3 の目的は，死因究明と関連することの多い犯罪の種類や構成要件を知ることです。具体的には，殺人罪（刑法199条）や，自殺関与および同意殺人罪（刑法202条），傷害致死罪（刑法205条），過失致死罪（刑法210条），業務上過失致死罪（刑法211条前段）といった人の生命という法益を侵害する犯罪について，その成否を判断するにあたり，死因究明が重要な役割を果たします。なお，ここでいう「法益」とは，一般に，刑罰法規によって保護される社会生活上の重要な利益を意味します（☞**本章Ⅱ 4 (1)**）。

　以上の目的を達成するため，本章では，「刑法の意義・特色・機能」，「犯罪の意義と成立要件」，「死因究明と深く関わる犯罪類型」の順に，できるだけわかりやすく解説します。

II　刑法の意義・特色・機能

1．刑法の意義

　「刑法」には，2つの意味があります。1つは，刑法という名称の法律（刑法典）を指すものです。これが一般的な意味の「刑法」であり，殺人罪や窃盗罪などの重要かつ基本的な犯罪は，この意味の刑法（刑法典）に規定されています。

　これに対し，「刑法」が，刑法典を含む，犯罪や刑罰について定める法律の規定全体を意味することもあります。例えば，自動車運転死傷処罰法（☞p.36 *Column*）のように特殊な犯罪類型について規定する法律や，道路交通法のような行政法規の中の刑罰規定も，広い意味の刑法に含まれます。本章では，特に断りのない限り，「刑法」をこの意味で用います。

2．刑法の構造

(1) 法律要件と法律効果

　刑法（刑法典）第2編には，さまざまな犯罪が規定されており，他の多くの法律の規定と同様に，一定の**法律要件**と，その要件を満たす場合の**法律効果**から構成されています。例えば，殺人罪について定める刑法199条は，「人を殺した者は，死刑又は無期若しくは5年以上の懲役に処する。」と規定しています。この規定の前半部分の「人を殺した」が法律要件であり，後半の「死刑又は無期若しくは5年以上の懲役に処する」という部分が法律効果です。

(2) 規範と制裁

　一般に，行動の基準となるルール（行為規範）は，「○○してはならない」という内容の禁止規範か，「××しなければならない」という内容の命令規範で構成されます。

　ところが，刑法（刑法典）第 2 編の条文には，このような規範が明記されていません。例えば，刑法199条は，「人を殺した者」を死刑または無期もしくは 5 年以上の懲役に処すと定めていますが，「人を殺してはならない」とは明記していません。その理由は，刑法典の基礎には，特定の行為を禁じたり命じたりする社会的な行為規範が存在し，個々の条文は，このような行為規範に違反する行為について刑罰を定めているからだと考えられています。

3．刑法の特色

(1) 刑罰という法律効果

　刑法の最大の特色は，その法律効果にあります。上述のように，刑法は禁止規範や命令規範に違反する行為に対して刑罰を定めていますが，刑罰は，**死刑**や**懲役**のように，違反行為をした者の生命や自由を剥奪する点において，数ある法律上のサンクションの中で，最も峻厳なものであるということができます（**罰金**などの金銭刑についても，支払われない場合は労役場留置（刑法18条）という自由の剥奪を伴う執行方法が予定されています）。このような峻厳なサンクションを定めていることが，民法などの他の法律と異なる刑法の最大の特色であり，また，それゆえに，刑法にはいくつかの重要な原則が存在します。

(2) 罪刑法定主義

刑法における最も重要な原則が**罪刑法定主義**であり、「どのような行為が犯罪となり、それにどのような刑罰が科せられるかは、あらかじめ法律によって規定されていなければならない。」ということを意味します。

罪刑法定主義の中心的な機能は、市民に対し予測可能性を与えて行動の自由を保障することです。つまり、法律によって犯罪と定められていない行為は処罰されないということを保障することによって、市民に行動の指針を提供する点にあります。

なお、罪刑法定主義から派生する原理として、ⓐどのような行為が犯罪にあたるかは国会で定められなければならないという「法律主義」や、ⓑ実行時に犯罪でなかった行為を後から遡って処罰することを禁止する「遡及処罰の禁止」、ⓒ刑罰法規を類推して解釈することを禁止する「類推解釈の禁止」などがあります。

(3) 刑法の謙抑性

次に、刑罰という峻厳なサンクションが、社会における紛争の処理や予防のために過度に用いられることは望ましくありません。そのため、刑法はできるだけ抑制的に用いなければならないと考えられており、この原則を**刑法の謙抑性**といいます。

刑法の謙抑性と共通する考え方として、社会生活の隅々にまで刑法の網を張りめぐらすのは適切ではないということを意味する「刑法の断片性」や、刑法は他の手段では十分に対応できない場合に限って用いられるべきであるということを意味する「刑法の補充性」という原則があります。

4．刑法の目的・機能

(1) 法益とは？

　刑法は，何を目的として制定され，実際にどのような機能を果たしているのでしょうか。この問いに対するキーワードが「**法益**」（または**保護法益**）です。

　刑法は，立法者が，社会的に重要であり，刑罰によって保護すべきであると考えた諸利益（＝法益）を保護するために存在しています。このような諸利益は，ⓐ個人的法益（個人の生命や身体，自由，財産など），ⓑ社会的法益（公共の安全や経済取引の安全など），ⓒ国家的法益（国家の存立や適正かつ公正な公務の遂行など）に分類されます。このうち，死因究明との関係では，ⓐ個人的法益が特に重要です。

(2) 刑法の目的と機能

　上述のように，刑法の中心的機能は法益の保護にあり，法益を侵害する行為や法益侵害には至らなかったものの危険な状態を発生させる行為をした者に刑罰を科すこと（**応報**）によって，将来における犯罪の発生を防止すること（**予防**）を目的としています。なお，刑罰の本質については争いがありますが，本書では深く立ち入りません。

　これに加え，刑法は，3(2)で説明したような市民の行動に指針を与えるという機能や，社会の治安を維持するという機能を果たしています。また，近年では，被害者保護の観点から刑事司法制度改革が行われている点にも留意が必要です。

Ⅲ　犯罪の意義と成立要件

1．犯罪の意義と判断方法

　犯罪とは，「構成要件に該当する違法かつ有責な行為」と定義されます。そして，この定義を，①**構成要件該当性**，②**違法性**，③**有責性**という3つの要素に分け，犯罪が成立するか否か（犯罪の成否）について，①②③の順で判断するのが一般的です。

　例えば，殺人罪の成否については，まず，①殺人の犯罪構成要件に該当する行為であるかを判断し，次に，②その行為が違法な行為であるかを判断し，最後に，③その行為が有責かについて判断します。このうち一つでも否定されれば，犯罪は成立しません。

Column　不作為による犯罪

　犯罪とは，構成要件に該当する違法かつ有責な「行為」ですから，頭の中でどれだけ人を殺すことや他人の物を盗むことを考えても，そのこと自体が犯罪となることはありません。

　しかし，「行為」には，積極的な行動(作為)だけでなく消極的な行動(不作為)も含まれるため，例えば，幼児に食事を与えず死なせた場合，保護責任者不保護致死罪（刑法219条・218条）や不作為による殺人罪が成立することがあります。ただし，ここでいう不作為は，法律の規定やその基礎にある社会規範により命ぜられた一定の作為を行わないことを意味し，何もしないで怠けていることが直ちに犯罪になるわけではありません。

2．構成要件該当性

(1) 犯罪構成要件とは？

　犯罪構成要件（単に構成要件と呼ぶこともあります）とは，刑罰法規が規定する各犯罪の行為類型を意味します。ただし，犯罪構成要件に該当したからといって直ちに犯罪が成立するわけではなく，あくまで犯罪が成立するための一要素にすぎません。

　構成要件は，個々の刑罰法規から導き出されるものであり，例えば，刑法199条の規定からは，ⓐ殺意を持って（**故意**），ⓑ人を死に至らしめる行為を行い（**実行行為**），ⓒその結果として（**因果関係**），ⓓ人が死亡した（**結果**），という殺人罪の構成要件要素が導き出されます。このことからわかるように，犯罪構成要件は個々の刑罰法規の解釈の産物であるといえます。

Column　犯罪構成要件と犯罪のイメージ

　犯罪構成要件は，個々の犯罪のイメージとして理解することができます。例えば，刑法199条には「人を殺した者は……」としか記載されていませんが，これを見た人は，人を殺すという行為が具体的にイメージできると思います。これを分析的に記述したものが，本文中に挙げた殺人罪の犯罪構成要件です。

　なお，1つの刑罰法規からは1つの犯罪構成要件が導かれるのが原則ですが，例えば，刑法202条のように，1つの刑罰法規から，「自殺教唆」，「自殺幇助」，「嘱託殺人」，「承諾殺人」という4つの犯罪構成要件が導かれるものも存在します。

(2) 客観的構成要件要素と主観的構成要件要素

　犯罪構成要件は，客観的要素と主観的要素とに分けられます。主観的要素は故意または過失を意味し，殺人罪の構成要件要素のうち，ⓐ故意（殺意）が主観的要素，残りのⓑ実行行為，ⓒ因果関係およびⓓ結果が客観的要素です。なお，故意による犯罪を**故意犯**，過失による犯罪を**過失犯**（ *Column*）といいます。

　客観的要素である「結果」が発生しなかった場合，構成要件要素を満たさず犯罪は成立しないのが原則ですが，未遂犯処罰規定（刑法44条参照）がある場合，未遂犯が成立することがあります（結果が発生した場合を**既遂犯**，発生しなかった場合を**未遂犯**といいます）。例えば，刑法203条は「第199条……の罪の未遂は，罰する」と定めているため，殺人罪については，被害者が死に至らなかったとしても，他の構成要件要素を満たし，違法性や有責性も認められる場合には，殺人未遂罪が成立します。

Column　過失犯

　刑法38条1項は，「罪を犯す意思がない行為は，罰しない。ただし，法律に特別の規定がある場合は，この限りでない。」と規定し，故意犯を原則としつつ，法律の特別の規定がある場合に限って，過失犯を処罰することを認めています。

　過失犯は，注意義務（結果を予見し回避する義務）に違反して結果（法益侵害）を引き起こした場合に成立する犯罪類型で，刑法（刑法典）にも，過失致死罪（刑法210条）や業務上過失致死傷罪（刑法211条前段）などが定められています。

3．違法性

(1) 違法性の意味

　前述のように，犯罪構成要件とは法律の定める各犯罪の行為類型を意味するため，犯罪構成要件に該当する行為には，基本的に違法性が認められます。したがって，違法性の有無の判断にあたっては，構成要件該当性が認められることを前提に，違法性阻却事由の有無を判断すれば足りることになります。

(2) 違法性阻却事由

　違法性阻却事由として，例えば，刑法35条は，「法令又は正当な業務による行為は罰しない。」と規定しています。具体的には，死刑を執行する行為は殺人罪の構成要件に該当しますが，法令に基づいて行われる行為（**法令行為**）に該当し違法性が阻却されるため，殺人罪は成立しません。同様に，医者が行う外科手術についても，傷害罪（刑法204条）の構成要件に該当するとしつつ**正当業務行為**として違法性が阻却されると考えるのが一般的です。

　そのほかの違法性阻却事由として，**正当防衛**（刑法36条 1 項）や**緊急避難**（刑法37条）が挙げられます。

4．有責性

(1) 責任主義と非難可能性

　犯罪の成立要件の最後は，有責性です。犯罪行為をした者であっても，責任がない場合に刑罰を科すことは相当ではないため，

近代刑法においては,「責任なければ刑罰なし」という**責任主義**が罪刑法定主義（☞**本章 II 3 (2)**）と並ぶ重要な原則とされています。

　ここでいう有責性（**非難可能性**）とは,抽象的には,犯罪構成要件に該当する違法な行為を回避しなかったことが刑罰を科すに値するといえるかということを意味しますが,具体的には,責任阻却事由の有無によって判断されます。

(2) 責任阻却事由

　犯罪構成要件に該当し違法性も認められる行為が行われた場合,通常は非難可能性があると考えられるため,有責性の判断にあたっては,構成要件該当性と違法性が認められることを前提に,責任阻却事由があるか否かを検討すれば足りることになります。

　以下,主な責任阻却事由として,責任能力および違法性の意識の可能性について説明します。

ア　責任能力

　責任能力とは,「自己の行為の是非を理解し,規範に従って行動を制御できる能力」を意味します。行為者が,自己の行為の是非を理解する能力（弁識能力）か,規範に従って自らの行動をコントロールする能力（制御能力）のいずれかを欠いていた場合,非難可能性がないため,責任が阻却されます。

　刑法39条 1 項は,「心神喪失者の行為は,罰しない。」と規定し,精神の障害によって責任能力を欠いた者（**心神喪失**者）の行為は罰しない旨を定めています。ここでいう「精神の障害」とは,統合失調症や躁うつ病などの精神疾患だけでなく,飲酒

Column 　刑事裁判における責任能力の認定

　刑事裁判においては，裁判官や裁判員が，精神医学の専門家等の意見を参考に，犯行時における行為者（被告人）の責任能力の有無や程度について認定・判断します。

　刑事裁判において責任能力が争点となることは決して珍しくありませんが，責任能力の欠如（心神喪失）が認められて無罪になる事案は非常に少なく，責任能力の著しい減退（心神耗弱）が認められて刑が軽減される事案も稀にしか存在しません。その主な理由は，行為者の責任能力について疑いがある場合，検察官が当該行為者を起訴するかどうかを慎重に判断した結果，不起訴となることが多いためだと考えられます。

　ただし，その場合は，不起訴になっても直ちに社会復帰するわけでははく，精神福祉保険法に基づく措置入院や，医療観察法に基づく入院命令などの手続に移行することになります。

や薬物摂取による病的酩酊や深い意識障害を含みます。なお，責任能力が著しく減退していた者（**心神耗弱**者）については，責任は阻却されず犯罪は成立しますが，非難可能性の程度が低いため，刑が軽減されます（刑法39条2項）。

イ　違法性の意識の可能性

　単に法律について知らなかったというだけでは犯罪の成立は否定されませんが（刑法38条3項），特別な事情の存在によって違法性の意識の可能性すら存在しなかった場合，非難可能性が

認められないため責任が阻却されると考えられています。例えば，自分の行為について事前に所管官庁に照会したところ，明確に違法性はないと回答されたため，これを信じて行動したような場合が考えられます。

　ただし，違法性の意識の可能性の有無は，同じ状況に一般人が置かれた場合に違法性を認識する可能性がないといえるかという観点から客観的に判断されるため，行為者が勝手に違法性はないと思い込んだ場合や，専門家ではない者の意見を軽信したというような場合には，違法性の意識の可能性は否定されず，責任は阻却されません。

Column　犯罪論体系

　以上のように，犯罪の成否は，①構成要件該当性，②違法性，③有責性の順に判断されますが，実は，この順序にも重要な意味があります。

　まず，一般に，類型的な判断と個別的な判断とでは，前者のほうが誤りが少ないと考えられます。また，客観的事実と主観的事実とでは，前者のほうが事実認定が容易かつ明確です。このような観点から，犯罪の成否の判断にあたっては，上記①②③の順に判断することとされているのです。

　このように，犯罪の成否について理論的・分析的に判断することにより，全体的・直感的な判断を排除し，誤った判断や恣意的な判断を防ぐ思考の枠組みを，犯罪論体系といいます。

IV　死因究明と深く関わる犯罪類型

1．人の生命を保護法益とする主要な犯罪

　ここからは，死因究明と関わりの深い犯罪類型，つまり，人の生命という法益を侵害する犯罪行為について具体的に紹介します。もっとも，人の生命を保護法益とする犯罪は多種多様であることから，ここでは，最も基本的で，かつ重要と考えられる犯罪類型について簡潔に紹介することとします。

(1) 殺意をもって人を死に至らしめる犯罪類型
ア　殺人罪，強盗殺人罪

> **参照条文**
>
> 刑法199条　人を殺した者は，死刑又は無期若しくは 5 年以上の懲役に処する。
>
> 刑法240条　強盗が，人を負傷させたときは無期又は 6 年以上の懲役に処し，死亡させたときは死刑又は無期懲役に処する。

　故意に人を死に至らしめた場合，殺意の有無によって犯罪類型が異なります。例えば，自動車で人をはねて死亡させた場合，殺意をもって人をはねたのであれば**殺人罪**（刑法199条）が成立しますが，故意犯であっても殺意がなければ，**傷害致死罪**（後述）が成立するにとどまります。また，故意がなく過失による場合は，**過失運転致死罪**（☞p.36 *Column*）が成立します（いずれも違法性や有責性が認められることが前提です。以下同じ。）。

35

　殺意をもって人を死に至らしめる犯罪として，殺人罪のほか，**強盗殺人罪**（刑法240条後段）があります。刑法240条は，後段で強盗が人を死亡させた場合について規定していますが，後段のうち，殺意がある場合を強盗殺人罪，殺意がない場合を**強盗致死罪**と呼んで区別します（ただし，殺意がある場合を含めて「強盗致死罪」と呼ぶこともあるため，注意が必要です）。

　殺意は，加害者の内面的な要素（主観的要素）であるため，本人が否認した場合，外面的・客観的な事実からその有無を判断する必要があります（☞**第 9 章**）。また，本人が認めた場合でも，犯行時に殺意があったことを客観的証拠によって裏づける必要があります。そのため，殺人罪や強盗殺人罪の成否の判断にあたっては，広義の死因究明が大きな役割を果たします。

Column　過失運転致死罪

　自動車運転上の過失により人を死亡させた場合，かつては業務上過失致死罪が適用されていましたが，平成13年の刑法改正により自動車運転過失致死罪（旧211条 2 項）が導入され，同罪が適用されるようになりました。

　さらにその後，運転の悪質性や危険性などに応じた処罰を可能とするため，平成25年に，「自動車の運転により人を死傷させる行為等の処罰に関する法律」（自動車運転死傷処罰法）が制定され，現在では，自動車の運転上必要な注意を怠って人を死亡させる行為については，同法 5 条所定の「過失運転致死罪」が適用されています（刑法旧211条 2 項は削除）。

イ　自殺関与罪，同意殺人罪

> **参照条文**
>
> 刑法202条　人を教唆し若しくは幇助して自殺させ，又は人を
> 　　その嘱託を受け若しくはその承諾を得て殺した者は，6月
> 　　以上7年以下の懲役又は禁錮に処する。

　故意に人を死に至らしめた場合，被害者が自己の死について同意していても，**自殺関与罪**（刑法202条前段）や**同意殺人罪**（同条後段）が成立します。ただし，被害者が刑法による保護を自ら放棄していると考えられることから，殺人罪や傷害致死罪などと比べ法定刑が軽くなっています。もっとも，ここでいう同意は，被害者の真意に基づくものでなければなりません。

　自殺関与罪は，人を<ruby>唆<rt>そそのか</rt></ruby>して自殺を決意させ，その結果として自殺させる**自殺教唆罪**と，既に自殺を決意している者を物理的心理的に手助けし，その結果として自殺させる**自殺幇助罪**に分かれます（なお，自殺自体は不可罰であるにもかかわらず，その教唆や幇助が処罰対象となる理由については刑法学説上とても興味深い議論がなされていますが，ここでは割愛します。）。

　同意殺人罪は，被害者に頼まれて殺す**嘱託殺人罪**と，被害者の承諾を得て殺す**承諾殺人罪**に分かれます。嘱託殺人罪は，被害者が激しい肉体的精神的苦痛から逃れるために自らを殺して欲しいと懇願し，これを見かねて殺害するケースが典型であり，終末期医療や介護の現場でしばしば問題となります。ただし，被害者の嘱託が要件となるため，意思表示すらできずに苦しむ被害者を見かねて殺害したような場合は，嘱託殺人罪ではなく

殺人罪が成立します。これに対し，承諾殺人罪は，心中を試みた相手を殺害した者が自殺できずに生き残るケースが典型です。被害者の承諾が必要であるため，いわゆる無理心中の場合は，承諾殺人罪ではなく殺人罪が成立します。また，真意に基づく承諾が必要であるため，被害者が死の意味を理解していない幼児であるような場合，承諾は無効となり殺人罪が成立します。

(2) 結果的加重犯

参照条文

刑法204条　人の身体を傷害した者は，15年以下の懲役又は50万円以下の罰金に処する。

刑法205条　身体を傷害し，よって人を死亡させた者は，３年以上の有期懲役に処する。

　ある犯罪が成立した結果，その犯罪（これを「基本犯」といいます。）が予定しているよりも重い結果が生じた場合に，そのことを理由に法律が刑を加重しているものを**結果的加重犯**といいます。例えば，喧嘩相手を素手で殴って怪我をさせたら，その怪我が原因で数日後に被害者が死亡してしまったというケースでは，殺意が認められずに**傷害致死罪**（刑法205条）が成立するにとどまることがあります（ただし，素手で殴った場合は常に殺意が認められないというわけではありません。）。上記のケースでは，被害者に怪我をさせた時点で傷害罪（刑法204条）が成立し，その後に被害者の死という結果が生じた時点で，結果的加重犯である傷害致死罪が成立します。

　刑法（刑法典）には，結果的加重犯として，傷害致死罪のほか，前述した強盗致死罪や，強制わいせつ等致死罪（刑法181条），保護責任者遺棄致死罪（刑法219条），逮捕等致死罪（刑法221条），強盗・強制性交等致死罪（刑法241条）が規定されています。なお，自動車運転死傷処罰法2条の危険運転致死罪も，道路交通法違反の罪を基本犯とする結果的加重犯であると考えられています。

(3) 過失により人を死に至らしめる犯罪類型

参照条文

刑法210条　過失により人を死亡させた者は，50万円以下の罰金に処する。

刑法211条　業務上必要な注意を怠り，よって人を死傷させた者は，5年以下の懲役若しくは禁錮又は100万円以下の罰金に処する。重大な過失により人を死傷させた者も，同様とする。

自動車運転死傷処罰法5条　自動車の運転上必要な注意を怠り，よって人を死傷させた者は，7年以下の懲役若しくは禁錮又は100万円以下の罰金に処する。ただし，その傷害が軽いときは，情状により，その刑を免除することができる。

　人の生命を保護法益とする犯罪類型には，過失によって人を死に至らしめるものもあります。刑法（刑法典）には，この類型として，**過失致死罪**（刑法210条）や**業務上過失致死罪**（刑法211条前段），**重過失致死罪**（同条後段）が規定されていますが，そのほかにも，自動車運転死傷処罰法5条の**過失運転致死罪**（☞p.36 *Column*）がこの犯罪類型に該当します。

2．人の生命を法益とする主要な犯罪の構成要件

(1) 客観的構成要件要素

　人の生命を保護法益とする犯罪に共通する客観的構成要件要素の1つ目は，人の死という結果の発生です。この結果が発生しない場合，殺人罪や強盗殺人罪などについては未遂罪が成立しますが（刑法203条，243条参照），傷害致死罪などの結果的加重犯や，過失致死罪などの過失犯については，未遂を罰する規定がないため未遂罪は成立しません。ただし，結果的加重犯については基本犯が成立すると考えられますし，過失致死罪などについても，被害者が傷害を負った場合には過失致傷罪などが成立します。

　2つ目は，人を死に至らしめる危険のある行為です。殺意をもって行った場合でも，およそ人の死という結果が発生する危険性のない行為については，人の生命を保護法益とする犯罪は成立せず，不能犯となります。そして，原因行為が単独で実行される場合を**単独正犯**，複数人により共同で実行される場合を**共同正犯**といいます（刑法60条）。なお，共犯には，教唆犯（刑法61条）や幇助犯（刑法62条）という形態もありますが，本書では割愛します。

　3つ目は，原因行為と人の死という結果の間の因果関係です。この因果関係は「原因行為がなければ結果は発生しなかった」という関係（**条件関係**）だけでなく，原因行為と具体的な結果との間に経験則上相当であるという関係（**相当因果関係**）がなければならないとされています（☞p.41*Column*）。原因行為と人の死との間に因果関係が認められない場合は，結果が発生しなかった場合と同様に扱われます。

Column　条件関係と相当因果関係

　被害者の腹を拳銃で撃ったところ，被害者は運良く一命をとりとめたが，病院に搬送される途中で交通事故に遭って頸椎骨折により死亡したという事案を想定してください。この事案では，加害者が拳銃で撃たなければ被害者が交通事故に遭って死ぬこともなかったという条件関係は認められますが，病院に搬送中に交通事故に遭って死亡することが経験則上相当であるとまではいえないため，原因行為と結果との間に相当因果関係があるとはいえず，殺人未遂罪が成立するにとどまります。

　ただし，そのまま放置していたら被害者は出血多量で死亡していた可能性が高く，かつ，事故の際のショックで大量に出血したことで死期が早まったような場合は，原因行為と結果との間に相当因果関係が認められることもあり得ます。

(2) 主観的構成要件要素

　人の生命を保護法益とする犯罪の主観的構成要件は，ⓐ殺意（殺人罪や強盗殺人罪など），ⓑ基本犯の故意（傷害致死罪など）またはⓒ過失（業務上過失致死や過失運転致死罪など）です。ここでは，ⓐ殺意とⓒ過失について説明します。

　まず，**殺意**については，積極的な殺害の意図を有している場合だけでなく，人の死という結果を認識・認容していれば認められます。さらに，この認識・認容は，確定的なものでなくてもよく，「ひょっとすると被害者が死ぬかもしれないが，それでもいいか」というような不確実な認識と消極的な認容にとどまる場合であっ

Column　未必の故意に関する学説

　未必の故意については，学説上，⑦結果実現の意思と解する見解，④結果の認識に加えて，少なくとも消極的な認容が必要であると解する見解，⑨結果発生のある程度高い可能性（＝蓋然性）の認識と解する見解，㊉結果発生の可能性の認識で足りると解する見解などが提唱されており，通説・判例は上記④の見解をとっています。

ても認められます（☞*Column*）。このような殺意を「**未必の殺意**」といい，実務的には，「人が死ぬ危険性が高い行為を，そのような行為であるとわかって行った」場合には未必の殺意が認められる，という説明がされています。

　次に，**過失**とは，注意義務違反を意味します。注意義務違反とは，結果の予見可能性を前提とする結果回避義務を怠ったこと，つまり，結果を予見することが可能であり，かつ，結果の発生を回避することも可能であったにもかかわらず，回避行為をとらなかったことを意味します。したがって，予見していながら回避しなかった場合だけでなく，予見することが可能であったにもかかわらず予見すらしなかったために回避行為をとらなかった場合にも，過失が認められます。反対に，結果を予見することができない場合や，予見はできたが回避することはできなった場合には，過失は認められず，過失犯は成立しません。

本章のポイント

● 刑法の最大の特色は，刑罰という最も峻厳なサンクション
を定めていることである。

● 刑法の主たる機能は，法益の保護にある。

● 犯罪とは，「構成要件に該当する違法かつ有責な行為」で
あり，①構成要件該当性，②違法性，③有責性の順に理論
的・分析的に判断される。

● 死因究明と深く関わる犯罪類型として，ⓐ殺意をもって人
を死に至らしめたもの（殺人罪など），ⓑ殺意はもってい
なかったが結果的に人を至らしめたもの（傷害致死罪な
ど），ⓒ過失により人を死に至らしめたもの（過失致死罪
など）がある。

〔**主な参考文献**〕

・ 井田良『入門刑法学総論〔第 2 版〕』（有斐閣，2018年）
・ 本間一也＝城下裕二＝丹羽正夫編著『New Live刑事法』（成文
堂，2009年）

第 3 章

刑事手続の概要

I　はじめに

1．本章の目的

　第 3 章では，すでに犯罪や刑法の意味について学んでいること
を前提に，刑事事件の捜査や裁判などの手続について学びます。

　本章の主な目的は，以下の 3 つです。

本章の目的

① 刑事手続について定める刑事訴訟法の役割と刑事手続
の流れを知る。

② 捜査や公訴の提起の意義と重要な原則を知る。

③ 公判手続の概要と刑事裁判の重要な原則を知る。

２．刑事訴訟法の役割と刑事手続のおおまかな流れ

(1) 刑事訴訟法の役割

　胸にナイフが刺さった死体が発見されました。どうやら犯罪，それも殺人事件のようです。あなたが連絡を受けて駆けつけた警察官だとして，どうしたらよいでしょうか。

　第２章で学んだように，刑法199条は「人を殺した者は，死刑又は無期若しくは５年以上の懲役に処する。」と規定していますが，この事件は，一見すると殺人罪の犯罪構成要件（☞第２章Ⅲ２）に該当しそうです。しかし，仮に殺人罪が成立するとして，犯人はいったい誰なのでしょうか。また，そもそも，本当に殺人事件なのでしょうか。このケースでは考えにくいですが，自殺や事故で死亡した可能性もありますし，事件だとしても，傷害致死罪など他の犯罪の可能性もあります。

　犯罪が疑われる事件が発生しても，刑法だけで事件を解決することはできません。刑法の条文を実際の事件にあてはめるには，そのための手続が必要です。具体的には，さまざまな証拠を収集し，①本当に犯罪が発生したのか，②犯人は誰なのか，③どのような犯罪が成立するのかを解明した上で，さらに，④犯罪の態様や動機などの具体的な状況等を明らかにし，犯人にどのような刑罰を科すべきかを判断しなければなりません。これをして初めて，刑法の規定を現実の事件へ適用することができるのです。

　このように，現実の事件（刑事事件）に刑法を適用するための一連の手続を「**刑事手続**」といいます。そして，刑事手続のルールを定める法律が**刑事訴訟法**です。

Column　刑事手続に関するルール

　刑法（刑法典）以外にも犯罪と刑罰について定める法律があるように，刑事訴訟法以外にも，憲法や国際規約，法令，判例などが刑事手続についてルールを定めています。

　なかでも，特に重要なのは憲法（日本国憲法）です。その理由は，憲法が最高法規であることに加え，憲法の制定過程において，それ以前に見られた捜査権限の濫用や自白の強要などに対する強い反省がなされ，その結果として，憲法に刑事手続に関する詳細な規定が設けられたという経緯があるからです。

　ちなみに，憲法の31条から40条までに，刑事手続のルールが規定されています。

---

(2) 刑事手続のおおまかな流れ

　犯罪の疑いのある事件（☞p.47*Column*）が発生すると，まずは犯罪に関する**捜査**が行われます。この捜査活動が一段落すると，検察官が裁判所に犯人の処罰を求める必要があるか否かを判断し，必要があると判断すれば，公訴を提起（**起訴**）します。

　公訴が提起されると，刑事裁判が開始します。刑事裁判手続のうち，公開の法廷で行われるものを**公判**手続といいます。公判手続は，通常，地方裁判所で第一審が行われ，裁判官（裁判員裁判の場合は裁判官と裁判員）によって，①起訴された被告人が有罪か無罪か，②有罪の場合にはどのような刑罰を科すかなどについて，証拠に基づいて判断し，**判決**を言い渡します。第一審の判決に不服がある場合，高等裁判所に**控訴**することができ，控訴審の

判決にも不服があれば，さらに最高裁判所に**上告**することができます。これを三審制といいます。このような刑事裁判の流れの中で有罪判決が確定すると，刑が**執行**されます。

　以上が，刑事手続のおおまかな流れです。以下，この一連の刑事手続の流れのうち，主要なものについて取り上げます

Colum　犯罪の疑いのある事件

　「犯罪」は，裁判所の有罪判決が確定して初めて認められるものです。したがって，厳密には，有罪判決が確定するまでは，「犯罪」が発生した，ではなく，「犯罪の疑いのある事件」が発生した，などといった表現を用いるべきです。

　これらを意識して使い分けることで，「**無罪推定の原則**」や「**疑わしきは被告人の利益に**」という言葉の意味を正しく理解することができるようになるでしょう。

　なお，無罪推定の原則については，市民的及び政治的権利に関する国際規約（国際人権規約 B 規約）14 条 2 項を，「疑わしきは被告人の利益に」については，刑事訴訟法 336 条を，それぞれ参照してください。

参照条文

国際人権規約B規約14条 2 項　刑事上の罪に問われているすべての者は，法律に基づいて有罪とされるまでは，無罪と推定される権利を有する。

刑事訴訟法336条　被告事件が罪とならないとき，又は被告事件について犯罪の証明がないときは，判決で無罪の言渡をしなければならない。

II　捜査～公訴の提起

1．捜査

(1) 捜査の意義

　犯罪の疑いのある事件が発生すると，捜査が開始されます。冒頭の事例のように，胸にナイフが刺さった死体が発見された場合，警察は，司法解剖によって死因を調べるとともに，ナイフから指紋を採取し，目撃者がいれば話を聞き，犯人と疑われる者がいれば取調べを行い，必要があれば逮捕します。このように，真相を明らかにするために行われるさまざまな活動を**捜査**といいます。

　捜査は，後の公判手続のための準備活動でもあります。捜査によって**被疑者**（☞*Keyword*）を特定し公訴を提起したとしても，証拠によって**被告人**が犯人であることや，犯罪の成立（第2章III参照）を証明できなければ，無罪が言い渡されます。また，罪を犯した者に適正な刑罰を科すには，公判手続において証拠によって犯行態様や動機などの事実関係を明らかにする必要があります。捜査が公判手続の準備活動であるとは，このことを意味します。

Keyword　「被疑者」と「被告人」

　刑事訴訟法上は，捜査段階で犯人と疑われる者を**被疑者**，公判段階で起訴された者を**被告人**といいます。報道やドラマでは，「容疑者」や「被告」と呼ぶことがありますが，実際の刑事事件で，これらの言葉を用いる法曹関係者はいません。

---

(2) 強制捜査と任意捜査

　「捜査」と聞くと，被疑者が手錠をかけられ警察に連行される姿のような「強制的なもの」をイメージする人もいると思います。

　しかし，実は，相手方の同意がなくても強制的に実施することができる**強制捜査**は，ⓐ人の身柄を拘束する**逮捕・勾留**や，ⓑ物に対する強制捜査である**捜索・差押・検証**など，数種類しか存在しません。このような強制捜査の手法を，**強制処分**といいます。

　強制処分は，法律に特別の定めがある場合でなければ，実施することができません（**強制処分法定主義**，刑事訴訟法197条1項ただし書参照）。また，強制処分は，事前に裁判官の発する令状を得なければ行うことができません（**令状主義**，憲法33条および35条参照）。強制処分は相手方にとって深刻な人権侵害となるおそれがあることから，憲法や刑事訴訟法は，これらの原則を定めて，その実施を謙抑的かつ適正にコントロールしようとしているのです。

参照条文

刑事訴訟法197条1項ただし書き　強制の処分は，この法律に特別の定のある場合でなければ，これをすることができない。

憲法33条　何人も，現行犯として逮捕される場合を除いては，権限を有する司法官憲が発し，且つ理由となつている犯罪を明示する令状によらなければ，逮捕されない。

憲法35条1項　何人も，その住居，書類及び所持品について，侵入，捜索及び押収を受けることのない権利は，第33条の場合を除いては，正当な理由に基いて発せられ，且つ捜索する場所及び押収する物を明示する令状がなければ，侵されない。
　2項　捜索又は押収は，権限を有する司法官憲が発する各別の令状により，これを行ふ。

　これに対し，相手方の同意を得て実施する捜査を**任意捜査**といいます。さまざまな捜査活動のうち，法が強制捜査（強制処分）として特別に定めているもの以外は，すべてこの任意捜査に該当します。意外に感じるかもしれませんが，捜査活動は任意捜査によって行うのが原則であり（**任意捜査の原則**），例外的に強制捜査が認められるのは，任意捜査では効果がない場合など，特に必要があると認められる場合に限られます。また，捜査活動は，その目的や必要性に応じた手段や態様で行われなければなりません（**捜査比例の原則**）。

　なお，相手の同意があっても，態様によっては任意捜査として許されない場合があることに注意する必要があります。例えば，被疑者に任意同行を求めて警察署で取調べを行うことは，一般的には任意捜査の一種と考えられますが，長時間にわたって取調べを行った上，深夜になっても被疑者に帰宅の意向を確認することをせずに取調べを継続したような場合，任意捜査の限界を超えて違法となることがあります。

(3) 捜査活動における適正手続の保障

　たしかに，犯罪者は処罰されなければいけません。しかしながら，刑罰は最も峻厳なサンクションであり，事件によっては，死刑という生命の剥奪を伴う刑罰が科せられることもあります。このような重大な判断に万が一にも誤りがあってはなりませんし，判断に至る過程がいい加減なものでは，国家の信頼を損なうことにもなります。したがって，刑罰を科すには，必ず法の定めに従って国家が行う公正な手続（刑事手続）を経由しなければならず，

このことが，当事者間の合意による私的解決が許される民事事件とは決定的に異なります。

　このような要請から，刑事手続の一環である捜査活動も，公正であるべき刑事手続にふさわしい適正さを保っていなければなりません（**適正手続の保障**，憲法31条参照）。また，捜査活動それ自体による人権の制約はできる限り避けなければなりません。このことから，捜査の実施にあたっては，一見すると，事案の真相を解明して犯人に刑罰を科すという刑事手続の目的を損なうようにも思われるさまざまな制約が加えられています。

参照条文

憲法31条　何人も，法律の定める手続によらなければ，その生命若しくは自由を奪はれ，又はその他の刑罰を科せられない。

刑事訴訟法１条　この法律は，刑事事件につき，公共の福祉の維持と個人の基本的人権の保障とを全うしつつ，事案の真相を明らかにし，刑罰法令を適正且つ迅速に適用実現することを目的とする。

２．公訴の提起

(1) 公訴の提起とは？

　捜査が一応終結すると，当該事件について裁判所の審理を求めるかどうかの判断がなされます。個々の事件について裁判所に審理を求めることを**公訴の提起**または**起訴**といい，これによって裁判手続が開始され，被疑者は被告人となります（☞**p.48***Keyword*）。

　公訴を提起することができるのは，原則として検察官だけです**（起訴独占主義**，刑事訴訟法247条）。このように検察官だけが起訴権限を独占している法制度は，世界的に珍しいものです。例えば，イギリスでは，国民は誰でも犯罪について起訴する権利を認められていますし，アメリカ合衆国には，検察官による起訴のほか，抽選で選ばれた市民の代表者が起訴するかどうかを決める大陪審（起訴陪審）という制度が存在します。

　なお，公訴の提起とその追行（これらを合わせて「訴追」と呼びます。）を検察官という国家機関が行うことを**国家訴追主義**といいます。

Column　検察審査会による強制起訴

　刑事訴訟法247条は，「公訴は，検察官がこれを行う」と規定して起訴独占主義を定めていますが，その例外の一つとして，検察審査会の起訴議決に基づく公訴の提起があります（検察審査会法41条の９以下）。

　この制度は，検察官が起訴しない（不起訴）と判断した事件について，抽選によって選ばれた市民で構成される検察審査会が２度にわたって起訴を相当とする内容の議決を行った場合，裁判所が指定した弁護士が，検察官に代わって当該事件の訴追を行うというものです。指定された弁護士は，被疑者が死亡したときなどの例外的な場合を除き，速やかに公訴を提起しなければならないため，「強制起訴」と呼ばれます。

---

(2) 不起訴処分と起訴便宜主義

　捜査の結果，検察官が公訴を提起しないと判断することを**不起訴処分**といいます。例えば，被疑者が死亡した場合や公訴時効が完成した場合など刑事裁判を行う条件（訴訟条件）を欠いたときや，犯罪の嫌疑が不十分であるときには，公訴は提起されません。

　これらは，いわば公訴を提起したくてもできない場合ですが，それ以外にも，訴訟条件は整っていて証拠から犯罪の嫌疑が十分に認められるにもかかわらず，あえて起訴しないという判断がなされることがあります。これを**起訴猶予**といいます。このように，起訴するか否かの判断について検察官に一定の裁量を認めることを**起訴便宜主義**といいます（刑事訴訟法248条）。

参照条文

刑事訴訟法248条　犯人の性格，年齢及び境遇，犯罪の軽重及び情状並びに犯罪後の情況により訴追を必要としないときは，公訴を提起しないことができる。

　起訴便宜主義が設けられている趣旨は，起訴ができる場合であっても，裁判所に審判を求める必要が乏しい事件については，公訴の提起によって被疑者が過重な不利益を受けることのないよう，不起訴処分とすることができるようにする点にあります。検察官は，犯罪そのものの軽重や情状（犯情）のほか，被疑者の前科の有無，犯行後の被害弁償や反省の有無および程度，さらには，犯人の性格や年齢，境遇といったさまざまな点を考慮し，公訴を提起するか，それとも起訴を猶予するかを判断します。

Ⅲ　公　判

１．公判手続の概要

(1) 刑事裁判の種類

　公訴が提起されると，刑事裁判が開始されます。刑事裁判には，公開の法廷で審理される**公判手続**と，万引きなどの比較的軽微な事件について書面のみで審理される**略式手続**があります。また，刑事裁判には，裁判官のみで審理する通常の裁判と，一般人から選ばれた裁判員が裁判官とともに審理する**裁判員裁判**があります。

　故意の犯罪行為により被害者を死亡させた罪は，そのほとんどが裁判員裁判の対象とされているため，第２章で紹介した殺人罪や強盗致死罪，傷害致死罪，危険運転致死罪，保護責任者遺棄致死罪などの死因究明と深く関わる犯罪類型については，多くの場合，裁判員裁判で審理が行われることになります。

　以下，裁判員裁判の場合を想定して，刑事裁判の第一審手続の概要について説明します。

(2) 刑事裁判の第一審手続

　刑事裁判の審理は公開の法廷で行われますが，複雑な事件の場合，争点について整理しないまま公判手続を行うと，判決までに非常に長い期間を要することがあります。そのため，裁判員裁判などについては，公判期日の前に裁判所・検察官・弁護人が，争点や証拠関係について整理し，審理計画を立てる手続を行います。この手続を**公判前整理手続**といいます。

　公判手続は，**冒頭手続→証拠調べ手続→弁論手続→判決**の順に行われますが，公判前整理手続が行われた事件では，通常の刑事裁判と異なり，連日にわたって集中的に審理されるのが通例です。また，あらかじめ決められた審理計画に従って手続が進行するため，当事者は限られた時間の中で適切に公判活動を行わなければなりません。そのため，死因究明に携わる医師などが証人として出廷する場合，限られた時間の中で裁判員にわかりやすく証言する必要があり，実務上さまざまな工夫が行われています。

2．刑事裁判の原則

(1) 当事者主義

　日本の刑事裁判は**当事者主義**を採用しています。当事者主義とは，訴えた者と訴えられた者，すなわち裁判の当事者が，対等・平等な立場で展開する攻防を中心に審理を行い，裁判所はこれを一歩離れた中立的な立場で観察して最終的に裁判の勝敗を決めるという原則です。当事者主義のもとでは，検察官と被告人が互いに自らの主張を行い，裁判所は客観的な第三者の視点で有罪か無罪かを判断するという形式で裁判が行われます。

　これに対し，裁判所が積極的に主導権を発揮する裁判形式を職権主義といいます。職権主義の下では，裁判所が検察官と一緒になって被告人を犯人として糾弾したり，有罪証拠を探し求めたりすることがあり得ます。日本は，第二次世界大戦終結前の旧刑事訴訟法の下では職権主義を採用していましたが，戦後の司法改革の結果，現在では当事者主義を採用しています。

(2) 当事者の平等

　民事裁判のような私人間の紛争であれば，両当事者に自由な訴訟上の攻撃防御をさせても特に問題はないでしょう。しかし，刑事裁判では，訴える側は検察官という国家機関であり，警察が収集した大量の証拠や資料を集めた上で裁判に臨むことができるのに対して，一私人である被告人は，何も持たない状態で訴訟上の攻撃防御を行うことになりかねません。この意味で，刑事裁判における両当事者は，初めから対等ではないことに注意が必要です。

　そのため，刑事裁判における当事者主義を実質化するためには，被告人の地位を強化する必要があります。被告人の地位強化のために，**黙秘権**（憲法38条1項）や**弁護人選任権**（憲法37条3項）などが保障されています。これらの諸権利は，刑事裁判における**適正手続の保障**を具体的に担保するためにも重要なものです。

参照条文

憲法37条3条　刑事被告人は，いかなる場合にも，資格を有する弁護人を依頼することができる。被告人が自らこれを依頼することができないときは，国でこれを附する。

憲法38条　何人も，自己に不利益な供述を強要されない。

---

(3) 証拠による裁判

　刑事裁判は，最終的に被告人が有罪か無罪かを判断するために行われますが，適正な判断を下すには，判断の前提となる事実を適切に認定する必要があります。裁判所が証拠もないのに思い込みで事実認定を行ってしまっては，適正な判断を下すことは不可

能です。そこで，刑事訴訟法317条は「事実の認定は，証拠による」と規定し，事実認定は証拠に基づいてなされなければならないと定めています。これを**証拠裁判主義**といいます。

　それでは，証拠裁判主義における「証拠」とは何でしょうか。仮に，あらゆる資料を刑事裁判の「証拠」として用いることを認めた場合，虚偽の内容の資料に基づいて真実と異なる事実認定がなされるおそれがあり，法が証拠裁判主義を採用した意味がなくなってしまいます。そこで，法は，刑事裁判において「証拠」として用いるための資格（要件）を課しています。このような，特定の資料が刑事裁判の「証拠」となるための資格を**証拠能力**といい，証拠能力を判断するための基準を**証拠法則**といいます。このように，証拠能力が認められて初めて，その資料は「証拠」として刑事裁判で用いられることになります。

　証拠能力を必要とする第一の理由は，上述のように真実発見の役に立たない資料やかえって有害な資料を排除することにありますが，第二の理由として，捜査の適正を担保するという目的もあります。捜査に熱が入りすぎると，証拠欲しさに違法な手段や不当な手段が用いられる危険がありますが，違法な手段や不当な手段で獲得された資料は刑事裁判の証拠として認めないことにしておけば，そのような手段で資料を集めても意味がないため，違法・不当な捜査活動を抑止することができます。

　このように，刑事裁判においては，何が証拠として認められるかという証拠能力の問題が重要であるとともに，採用された証拠が真実の発見のためにどう役に立つのかが重要になります。第4章では，これらの点について詳細に説明します。

本章のポイント

● 現実に発生した刑事事件に刑法を適用するための一連の手続が刑事手続である。

● 刑事手続において，適正手続の保障が極めて重要である。

● 主な刑事手続には，捜査・公訴提起・公判があり，いずれも刑事訴訟法に定めがある。

● 捜査には任意捜査と強制捜査があり，前者が原則である。また，強制捜査は，法に特別な定めがなければすることができない。

● 公訴を提起するか否かは，原則として検察官が判断する。また，諸事情を勘案して起訴しないことも認められる。

● 刑事裁判には通常の裁判と裁判員裁判とがあり，死因究明が深く関わる犯罪類型の多くは，裁判員裁判で審理が行われる。

● 刑事裁判の原則として，当事者主義や証拠裁判主義がある。

〔主な参考文献〕

• 本間一也＝城下裕二＝丹羽正夫編著『New Live刑事法』（成文堂，2014年）
• 中川孝博『刑事訴訟法の基本』（法律文化社，2018年）
• 白取祐司『刑事訴訟法[第10版]』（日本評論社，2021年）

第4章

刑事裁判と証拠法則

Ⅰ　はじめに

1．本章の目的

　第4章では，前章で学んだ刑事裁判における証拠法則について，さらに詳しく説明します。

　本章の主な目的は，以下の3つです。

本章の目的

① 刑事裁判における証拠能力について理解する。

② 刑事裁判における証拠法則の内容として，伝聞法則・自白法則・違法収集証拠排除法則を知る。

③ 刑事裁判における証拠の評価について知る。

2．証拠能力と証明力

　証拠法則を理解する上で重要となるキーワードは「真実」です。証拠法則について詳しく学ぶ前提として，刑事裁判における「真実」の意味について，確認しておきましょう。

(1) 刑事裁判における「真実」と「証拠」

　現在の刑事訴訟法が制定されるまでは，旧刑事訴訟法の採用していた職権主義の下，警察や検察が抱いた犯罪の嫌疑を裁判所が引き継ぐ形で公判手続が行われていました。しかし，現行の刑事訴訟法は，捜査段階における被疑者の取扱いや証拠の収集を**適正手続**という概念で厳しくコントロールした上で，公判廷においては，訴訟の当事者である検察官と被告人がそれぞれ主張を行い，裁判官は，検察官の主張が正しいかどうかをチェックする役割を果たすだけというシステム（**当事者主義**）を採用しました。

　この結果，刑事裁判における「真実」は，客観的・絶対的な真実ではなく，適正手続の下で行われる訴訟に固有の「真実」，すなわち「訴訟的真実」と表現すべきものへと変化しました。現在の刑事裁判においては，「証拠」によって裁判所が認定した事実のみが「真実」とみなされるようになったのです。

　次に，刑事裁判における「証拠」について確認しましょう。刑事裁判で「証拠」として認められるためには，「証拠」としての資格が要求されます。つまり，書類であれ，凶器（物）であれ，あるいは自白であれ，それがどれだけ有罪を証明するに足りる力を持っているとしても，「証拠」として用いるための法的な要件を満

たさなければ，そもそも刑事裁判における「証拠」として認められないのです。そして，ある証拠を刑事裁判における「証拠」とするための資格を**証拠能力**といい，当該証拠が特定の事実を証明するための力を**証明力**といいます。

(2) 証拠能力と証明力の区別

　証拠能力は，刑事裁判における「証拠」とするための資格ですから，その有無のみが問題となるのに対し，証明力は，当該証拠が特定の事実を証明する力を意味するため，その程度が問題となります。

　古くは，刑事裁判において証拠としての資格（証拠能力）は問題とされず，証拠としての価値（証明力）のみが裁判所の関心事とされていた時代もありました。しかし，このような制度の下で，拷問などの違法で過酷な手段による証拠収集が横行した歴史的経験に対する反省から，現行の刑事訴訟法においては，証拠能力が認められて初めて証拠力が問題となるという考え方が採用されています。

　したがって，刑事裁判において，当事者が証拠として裁判所に提出しようとする書類や物，供述等については，まず，その証拠能力の有無を裁判所が判断し，証拠能力があると認められたものだけが裁判所に提出されて「証拠」となり，そこで初めて，当該「証拠」が事実を証明するための力である証明力をどの程度有しているのかが判断されることになります。そして，証明力の前提となる証拠能力の有無を判断するためのルールを，**証拠法則**といいます。

II　証拠法則

1．伝聞法則

参照条文

刑事訴訟法320条1条　第321条乃至第328条に規定する場合を除いては，公判期日における供述に代えて書面を証拠とし，又は公判期日外における他の者の供述を内容とする供述を証拠とすることはできない。

　刑事訴訟法320条1項は，**伝聞法則**について規定しています。伝聞とは，要するに「また聞き」のことです。例えば，X君が犯人かどうかが問題になっている刑事事件において，Yさんが「Zさんが『現場から逃げた人物はX君に似ていた』と言っていた」と証言したとしましょう。この場合，Yさんからどれだけ詳しく事情を聞いても，Zさんが言っていた内容が真実であるか否かを確かめることができません。Zさんの言っていた内容の真否，つまり，「現場から逃げた人物がX君に似ていた」ことが本当かどうかを確認するのであれば，Zさん本人に直接尋ねるべきです。

　このように，Yさんの供述は，裁判官や裁判員にとって伝聞（また聞き）であり，その内容（このケースでは「現場から逃げた人物はX君に似ていた」こと）が真実であるかを確認することができないことから，Yさんの証言が信用できるかどうかとは関係なく，原則として証拠能力が否定されます。

　なお，この伝聞法則については刑事訴訟法321条以下に各種の例外が定められており，伝聞例外と呼ばれます。

2．自白法則

> **参照条文**
>
> 刑事訴訟法319条1項　強制，拷問又は脅迫による自白，不当に
> 長く抑留又は拘禁された後の自白その他任意にされたもので
> ない疑のある自白は，これを証拠とすることができない。

　捜査段階での取調べでなされた自白について，刑事訴訟法319条
1項は，**自白法則**というルールを定めています。

　自白法則は，特定の状況でなされた自白は，刑事裁判の「証拠」
として使えないことを意味します。例えば，取調官が被疑者を殴
って無理やりに自分が犯人であると自白させたケースでは，この
自白には証拠能力が認められません。

　自白法則の根拠については，任意にされたものでない自白は虚
偽の危険が高いため排除すべきという見解（**虚偽排除説**）や，黙
秘権の侵害のおそれがあることから排除すべきという見解（**人権
擁護説**）が提唱されていますが，いずれの見解にも難点があり，
現在では，自白を得た手段が違法である場合には証拠から排除す
べきであるという見解（**違法排除説**）が主流となっています。

3．違法収集証拠排除法則

　自白を含む人の供述には，その性質上，内容に虚偽が含まれる
可能性があるのに対し，凶器などの物そのものには，内容に虚偽
が含まれることは原則としてありません。そのため，物証につい
ては，自白のように類型的に証拠能力を制限する必要性は乏しく，

憲法も刑事訴訟法も，特に規定をおいていません。

　しかし，第3章でも触れたように，公正な手続であるべき捜査は，結果が間違っていなければどんなやり方であっても許されるというわけにはいきません。証拠の収集についても，憲法31条に照らし，適正な手続で行われなければなりません。このような観点からは，違法・不当な捜査によって獲得された証拠は刑事裁判で使用することができないとすることで，違法捜査の抑止を図り適正手続を担保する必要があります。

　また，違法に収集された証拠を排除することは，違法捜査の犠牲になった個々の被告人の権利を救済することにつながります。このような考え方は，20世紀初頭のアメリカ合衆国で芽生え，20世紀後半に日本の最高裁もこれを認めました。この**違法収集証拠排除法則**は，憲法や刑事訴訟法のような制定法に定められているものではなく，判例上の法理である点に大きな特徴があります。

Ⅲ　自由心証主義

1．自由心証主義とは？

　刑事訴訟法318条は「証拠の証明力は，裁判官の自由な判断に委ねる」と規定して**自由心証主義**について定めています。この自由心証主義は，裁判官を信頼して，証拠の証明力に関する判断を裁判官の自由な心証に委ねるという近代刑事司法の大原則です。これに対して，法の定める一定の証拠がなければ有罪にすることは

できないとする考え方を**法定証拠主義**といいます。

　特定の証拠があれば有罪を認定しなければならない，あるいは特定の証拠がなければ有罪にすることはできないという，法定証拠主義の下の制度では，必要とされる特定の証拠（多くの場合は自白）を得るために拷問がはびこることになり，結果的に誤判が頻発することとなりました。この反省から，人の理性に対する信頼を基盤に証拠を評価すべきとする見解が主張されるようになり，自由心証主義が近代刑事司法の原則となったのです。

2．心証の程度

　自由心証主義の下では，裁判官は自由に心証を形成し，有罪の心証が一定基準に達した場合，有罪の判決を言い渡すことになります。しかし，刑事裁判においては「**疑わしきは被告人の利益に**」の大原則が存在するため，有罪認定の基準はかなり高度なものでなければなりません。では，どの程度の基準が要求されるのでしょうか。英米法ではこの基準を「**合理的な疑いを超える証明**（beyond reasonable doubt）」といい，ドイツ法では「確実性に接着する蓋然性」と表現しています。

　日本の最高裁は，有罪の認定のためには**高度の蓋然性**が必要だとしています。具体的には，「反対事実の存在の可能性を残さないほどの確実性を志向したうえでの『犯罪の証明は十分』であるとの確信的な判断に基づくものでなければならない」（最判昭和48年12月13日判時725号104頁）とされています。また，「刑事裁判における有罪の認定に当たっては，合理的な疑いを差し挟む余地の

ない程度の立証が必要である。ここに合理的な疑いを差し挟む余地がないというのは，反対事実が存在する疑いを全く残さない場合をいうものではなく，抽象的な可能性としては反対事実が存在するとの疑いをいれる余地があっても，健全な社会常識に照らして，その疑いに合理性がないと一般的に判断される場合には，有罪認定を可能とする趣旨である」（最決平成19年10月16日刑集61巻7号677頁）とも判示されています。

　いずれにせよ，刑事裁判においては，民事裁判における「証拠の優越」，すなわち「日常生活の行動の基礎とすることをためらわない程度」では足りないのは当然だといえます。

本章のポイント

● 刑事裁判の証拠となるための資格を証拠能力といい，当該証拠が特定の事実を証明するための力を証明力という。

● 証拠能力の有無を判断についてするためのルールを証拠法則といい，主要なものとして，伝聞法則・自白法則・違法収集証拠排除法則がある。

● 証拠の証明力を裁判官の自由な判断に委ねるという原則を自由心証主義という。ただし，民事裁判に比べると，刑事裁判において要求される心証の程度は高い。

〔主な参考文献〕
　第3章で掲げたもの。

第 5 章

不法行為責任とは何か？

I　はじめに

1．本章の目的

　第 2 章から第 4 章までで刑事法の基礎について学びましたが，本章と第 6 章では，民事法の基礎について学びます。本章では，加害者が被害者に対して負う民事責任である損害賠償責任について説明します。

　本章の主な目的は，以下の 3 つです。

本章の目的

① 不法行為責任（民法 709 条）とは何かを知る。

② 不法行為責任の成立要件である「過失」の意味を知る。

③ 不法行為責任の成立要件である「因果関係」の意味を知る。

2．不法行為に基づく損害賠償請求とは？

　不法行為に基づく損害賠償請求として典型的なのは，交通事故の被害者が，加害者に対して，事故によって被った損害の賠償を請求するケースです。医療事故の場合は，患者である被害者が，加害者の医師や病院に対して損害賠償を請求することになります。つまり，被害者が加害者の行為によって損害を被ったと主張し，加害者にその損害の填補を要求することが損害賠償請求なのです。

　このようなケースにおいて，請求の根拠になる法律の規定が民法709条である場合が，不法行為に基づく損害賠償請求です。ほかにも，被害者と加害者の間に契約関係がある場合，債務不履行を理由に民法415条に基づいて損害賠償請求をすることもできます。例えば，医療事故の場合，患者である被害者は，自身と医師や病院との間で締結された診療契約に基づき，医師や病院に診療契約の内容を履行しなかった債務不履行があったことを理由として，契約責任としての損害賠償請求をすることも可能です。ちなみに，このような場合，不法行為に基づく損害賠償請求にするか，債務不履行に基づく損害賠償請求にするかを，被害者が選択することができます。

　しかし，債務不履行に基づく損害賠償請求をする場合であっても，加害者である医師や病院が診療契約上の義務に違反していることが要件となるため，後ほど説明する不法行為に基づく損害賠償請求の過失要件と内容的にかなり重複します。そのため，本章では，民法709条を根拠規定とする不法行為責任に絞って，損害賠償責任について説明をすることにします。

II　不法行為責任の成立要件

1．民法709条の法律要件

参照条文

民法709条　故意又は過失によって他人の権利又は法律上保護される利益を侵害した者は，これによって生じた損害を賠償する責任を負う。

　民法709条の条文を見ると，「侵害した者は，……損害を賠償する責任を負う」と書かれており，加害者が損害賠償責任を負うことがわかります。そして，同条には，損害賠償責任という法律効果が生ずる要件（法律要件）が定められています。この法律要件を全て満たさないと，加害者の損害賠償責任は認められません。

　次に，損害賠償責任の法律要件について，民法709条には，ⓐ故意または過失によってⓑ他人の権利または法律上保護される利益を侵害した者は，ⓒこれによって生じた損害を賠償する責任を負うと書かれています。したがって，以下の4つが不法行為に基づく損害賠償責任の成立要件となります。

　ⓐ　加害者に故意または過失があったこと

　ⓑ　被害者の権利または法律上保護された利益が侵害されたこと

　ⓒ-1　損害が発生していること

　ⓒ-2　加害行為と損害の発生との間に因果関係があること

　以下，民事裁判において問題となることの多い過失と因果関係について説明します。

2．過失責任の原則

　民法709条は，加害者に故意または過失があったことを不法行為責任の成立要件として定めています。反対に，被害者に損害が発生しても，加害者に故意または過失がなければ，損害賠償責任は生じません。このように，故意や過失がなければ責任は生じないという民法上の原則を，**過失責任の原則**といいます。

　被害者が被った損害を加害者が負担するのは当然のようにも思えますが，何らかの損害が発生したら常に賠償責任を負う可能性があるとすると，個人の行動の自由が阻害されてしまいかねません。そこで，私人の行動の自由を保障するため，故意または過失のある場合に限って損害賠償責任が生じることとしたのです。

Column　過失責任の原則の修正

　過失責任の原則は近代民法の重要な原則の一つですが，医療事故訴訟のように，加害者と被害者との間で知識や情報の格差が大きい事案において過失責任の原則を貫くと，被害者にとって酷な状況が生じます。そこで，判例上，注意義務の高度化（☞第12章Ⅱ1）や過失の事実上の推定（☞第12章Ⅱ2）などによって，過失責任の原則の修正が行われています

　また，立法による過失責任の原則の修正として，民法715条の定める使用者責任のように，中間的責任と呼ばれる考え方を取り入れているものがあります。また，製造物責任法3条のように，無過失責任を明文で規定している立法例もあります。

Ⅲ　過　失

1．過失の意義

　過失とは，「結果発生の予見可能性がありながら，結果の発生を回避するために必要とされる行為をしなかったこと」と定義されます。つまり，過失があったかどうかの判断は，**予見可能性**と**結果回避義務違反**という2つの要素を満たしているかどうかで判断されます。したがって，予見可能性を前提とする結果回避義務（合わせて**注意義務**と呼ぶこともあります）に違反した場合に，過失が認められることになります。

　このように，過失とは，加害者の内心の心理状態という主観的要素ではなく，客観的要素として把握されます。

2．注意義務の判断基準

　過失の前提となる注意義務の程度は，平均的な人（合理人）であれば尽くしたであろう注意を基準として判断されます。すなわち，合理人の能力を基準として判断される注意義務に違反したことが過失であり，この過失のことを**抽象的過失**といいます。

　ここでいう「平均的」とは，すべての人の平均を意味するものではなく，加害者が属するグループの平均，つまり，職業や地位，地域性，経験などによって類型的に相対化されます。このため，例えば医療事故の場合，同じ医師であっても，その専門領域や，勤務先（大学病院の医師かそれとも開業医かなど），医療に従事している地域（都会か僻地かなど）などによって注意義務の内容が変わり得ることになります。

3．注意義務の判断時期

　過失の前提となる注意義務の内容や程度は，いつを基準として判断されるのでしょうか。医療事故を例にとると，医学上の知見は日進月歩で発展しているため，どの時点の医学的知見をもとに医師の注意義務の内容や程度を判断するかによって，過失の有無の結論が異なってしまう可能性があります。

　結論から言うと，注意義務の内容や程度は**行為時を基準**として判断されます。もし仮に，行為後に新たに発見された科学技術上の知見や行為後の経済的・社会的状況の変化をも考慮して注意義務が判断されるとすると，行為者にとっては行為時に予測できなかったことについて過失責任を負うこととになり，ひいては行為者の行動の自由が保障されないことになりかねません。そこで，行為時においてどのような注意を払うべきであったかという観点から注意義務の内容や程度が判断されるのです。

IV　因果関係

1．因果関係の意義

　不法行為責任が認められるためには，加害行為と発生した損害との間に因果関係が存在しなければいけません。この因果関係は，①加害行為と発生した損害と間に条件関係が認められ，かつ，②発生した損害の原因を加害行為に帰することが法的にみて相当であると評価できる場合に認められると考えられています。

(1) 加害行為と発生した損害との間に条件関係が認められること

　条件関係とは，事実関係として，加害行為の結果，被害者に損害が発生したことをいいます。言い換えると，加害行為と損害の発生との間に「あれなければ，これなし」という関係があること，つまり，加害行為がなければ損害が発生しなかったといえることを意味します。

(2) 発生した損害の原因を加害行為に帰することが法的にみて相
**　　当であると評価できること**

　条件関係が満たされていたとしても，加害者に損害賠償責任を負わせることが常識的な判断に馴染むとは限りません。例えば，休日にA君が「今日は家でのんびりしよう」と考えていたところ，B君から電話で映画に誘われたため出かけたら，映画館に行く途中で転んで怪我をした，というケースを考えてみてください。たしかに，B君が映画に誘わなければA君が怪我をすることはなかったといえ，上記(1)の条件関係は満たすことになりそうですが，このようなケースでB君に法的な損害賠償責任を負わせることが，常識的に考えて相当であるとはいえません。

　そこで，因果関係が認められるには，条件関係が認められることに加えて，発生した損害の原因を加害行為に帰することが法的にみて相当であると評価できるという**相当因果関係**があることが必要とされています。したがって，不法行為責任の要件としての因果関係は，条件関係だけでなく相当因果関係も認められて初めて肯定されることになります。

第2部　基礎編

2．因果関係の判断基準時

　因果関係についても，いつの時点を基準に判断するかが問題となります。過失の有無の判断と異なり，因果関係の有無の判断の基準時は，事実審の**口頭弁論終結時**であると解されています。

　事実審とは，法律問題だけでなく事実認定についても審理する裁判のことをいい，日本では，第一審と控訴審が事実審にあたります（最高裁は，事実認定を行わないため法律審と呼ばれます）。また，口頭弁論とは，民事裁判において，原告と被告が公開の法廷において口頭で弁論を行い，互いの訴訟上の主張立証を展開する手続をいいます。この手続の最終段階，つまり事実認定の前提となる当事者の主張立証が終了する段階が，因果関係の有無の判断の基準時ということになります。

Column　因果関係の立証責任の緩和

　因果関係についても，過失と同様，あるいはそれ以上に，被害者側が主張立証をすることが難しいケースがあります。

　この点についても，立法や裁判実務により立証責任の緩和が図られています（☞**第12章，第14章**）。立法上の立証責任の緩和の具体例としては，民法719条後段が，「共同行為者のうちいずれの者がその損害を加えたかを知ることができないとき」は全員が連帯して損害賠償責任を負う旨を定めています。これにより，全員の共同不法行為によって損害が発生したことが証明されれば，個々の行為と損害との間の因果関係が不明でも，全員に連帯責任を追及することができます。

本章のポイント

● 不法行為責任とは，民法709条に基づく損害賠償責任のことをいう。

● 不法行為責任の成立要件は，ⓐ加害者の故意または過失，ⓑ被害者の権利利益の侵害，ⓒ損害の発生，ⓓ因果関係である。

● 過失とは，一般的な人に求められる注意義務に違反したことを意味し，予見可能性と結果回避義務違反の2つの要素が認められるかどうかによって判断される。

● 因果関係とは，加害行為と損害との間に条件関係と相当因果関係があることを意味する。

● 過失の有無の判断の基準時は行為時であり，因果関係の判断の基準時は事実審の口頭弁論終結時である。

〔主な参考文献〕

• 潮見佳男『基本講義 債権各論Ⅱ 不法行為法〔第3版〕』(新世社，2017年)
• 窪田充見『不法行為法〔第2版〕』(有斐閣，2018年)

第 6 章

民事裁判の概要

Ⅰ　はじめに

1．本章の目的

　民事上の損害賠償請求権の存否が問題になる場面の一つして，民事医療訴訟があります。本章では，民事裁判の目的や基本原理について説明した上で，実際に争われた民事医療訴訟を題材にして，民事裁判の基本的な流れを紹介します。

　本章の主な目的は，以下の 3 つです。

本章の目的

① 民事裁判（民事訴訟）の目的について知る。

② 民事裁判（民事訴訟）の基本原理を知る。

③ 民事裁判の基本的な流れについて知る。

２．民事裁判とは？

(1) 民法の構造

　　民法は，私人間の権利義務関係を規律するルールであり，一定の法律要件を満たせば，一定の法律効果（権利や義務）が生ずるという構造になっています（☞第5章Ⅱ1）。

　　そのため，民法の規定は，「ある事実があれば，この法律効果が生ずる」というように規定されており，実際の紛争においても，「ある事実」の存否が争点になることが多いのです。その場合，裁判所は，「ある事実」の有無を確かめて，これが認められた場合は「この法律効果」が生ずると判断し，「ある事実」が認められなければ，「この法律効果」は生じないと判断することになります。

　　このような判断のプロセスを，**法的3段論法**といいます。

(2) 法的3段論法

　　まず，上記のケースにおける「AおよびBの事実があればXという法律効果が生ずる」ことを**大前提**といいます。大前提は法規を意味し，不法行為責任でいえば，民法709条の定める法律要件と法律効果がこれにあたります。

　　次に，「AおよびBの事実が認められる」ことを**小前提**といいます。小前提は具体的事実を意味し，ここでは，個別の具体的事案においてAやBに該当する事実が存在するのかが問題になります。

　　最後に，「したがって，Xという法律効果を生ずる」というのが**結論**です。つまり，大前提たる法規に小前提である具体的事実をあてはめた結果が結論ということになります。

(3)民事訴訟法の目的

　私人間の権利義務関係について争いが生じた場合，裁判所が強制的に紛争を解決する役割を担うことになります。近代国家においては，私人による**自力救済は禁止**されており，具体的な私人間の紛争について法律を適用してその効果を強制的に実現するためには，民事裁判によらなければなりません。そして，民事裁判において，裁判所は，上述した法的3段論法を用いて，私人間の権利義務関係の存否を判断することになります。

　このような私人間の権利義務関係を確定させるための民事裁判の手続について定めた法律が民事訴訟法です。

Ⅱ　民事裁判の基本原則

1．処分権主義

　処分権主義とは，ⓐ訴訟の開始，ⓑ審理対象の設定，ⓒ訴訟の終了を当事者の権能とする原則です。これは，訴訟の対象である私法上の権利義務関係については**私的自治の原則**が妥当することから，これを訴訟手続においても尊重するものです。具体的には，訴えを提起するかどうか，訴訟における審理の対象をどのように設定するかは，原告の権能になります。そして，原告が設定した審理対象について，原告と被告がそれぞれ主張立証（攻撃防御）を尽くし，それを受けて，裁判所が判断をすることになります。

　この処分権主義により，民事裁判においては，裁判所は，当事者が申し立てていない事項については，判決をすることができません（民事訴訟法246条）。また，当事者には，相手方の不利にならない限度で，いつでも訴訟を終了させることができます（訴えの取下げ，請求の放棄または認諾，訴訟上の和解）。

参照条文

民事訴訟法246条　裁判所は，当事者が申し立てていない事項について，判決をすることができない。

2．弁論主義

　弁論主義とは，訴訟資料の収集・提出を当事者の権能と責任とするという原則です。弁論主義は以下の3つの原則（「テーゼ」と言うこともあります）から構成されます。

(1) 弁論主義の第1原則（弁論主義の第1テーゼ）

　弁論主義の第1の原則は，裁判所は，**当事者の主張しない事実を判決の基礎としてはならない**というものです。そのため，当事者は，自己に有利な事実について主張をしておかないと，仮にその事実が証拠上認められたとしても，訴訟上はないものとして扱われます。このような訴訟上の不利益のこと**主張責任**といいます。
　なお，ここでいう「事実」とは，訴訟上の全ての事実を意味するものではなく，権利の発生や変更，消滅といった法律効果の判断に直接必要な事実（**主要事実**）であると解されています。

79

(2) 弁論主義の第2原則（弁論主義の第2テーゼ）

　弁論主義の第2の原則は，裁判所は，**当事者間に争いのない事実は，そのまま判決の基礎にしなければならない**というものです。これを民事裁判における自白の拘束力といいます（刑事裁判における「自白」とは意味が異なるため注意してください）。民事裁判の役割は私的紛争の解決にあるため，裁判所の判断も，当事者間で争いがある事項の限度でのみ行えばよいという考え方です。

　なお，ここでいう「事実」とは，主要事実であり，かつ，相手方が**立証責任**を負っている事実であると解されています。

Keyword　「立証責任」

　立証責任（証明責任とも言います）は，ある事実が，どちらとも判断できず**真偽不明**の場合に，その事実についての主張が認められないことによる一方当事者の不利益のことをいいます。刑事裁判では，原則として検察官が立証責任を負いますが，民事裁判においては，原告または被告が，自己に有利な法律効果を生じさせる法律要件について立証責任を負います（法律要件分類説）。

---

(3) 弁論主義の第3原則（弁論主義の第3テーゼ）

　弁論主義の第3の原則は，裁判所は，**当事者間に争いのある事実を認定する場合には，原則として当事者が申し出た証拠によらなければならない**というものです。

　したがって，裁判所の職権による証拠調べは，例外的に認められるにとどまります（職権証拠調べの禁止）。

Ⅲ　民事裁判の基本的な流れ

1．ある民事医療訴訟

　これから，ある民事医療訴訟の事案を題材に，民事裁判の基本的な流れについて説明します。本事案は，患者ＡがＹの経営する総合病院で診療中に死亡したことにつき，Ａの遺族であるＸが，Ｙに対し，診療契約上の債務不履行または不法行為に基づき，約6,600万円の支払いを求めて損害賠償請求をしたという事案です。

事実の概要

①Ａは，平成元年 7 月 8 日午前 4 時30分頃，突然の背部痛で目を覚ました。

②その後，Ａは，妻の勧めもあり，自動車を運転してＹ病院に向かった。途中で背部痛が再発し，子に運転を替わった。

③午前 5 時35分頃，Ａは，Ｙ病院の夜間救急外来の受付を済ませ，間もなく，外来診察室にて，当直医であったＢ医師の診察が開始された。当時，Ｂ医師は，医師免許取得後 1 年余りであった。

④Ａの主訴は，上背部(中央部分)痛及び心窩部痛であった。触診所見では，心窩部に圧痛が認められたものの，聴診所見では，特に心雑音，不整脈等の異常は認められなかった。

⑤Ｂ医師は，症状の発現，その部位及び経過等から，第 1 次的に急性すい炎，第 2 次的に狭心症を疑った。

⑥Ｂ医師は，看護婦に鎮痛剤を筋肉内注射させ，さらに，Ａを

外来診察室の向かいの部屋に移動させた上で，看護婦に急性すい炎に対する薬を加えた点滴を静注させた。診察開始からＡが診察室を出るまでの時間は10分くらいであった。

⑦部屋を移動してから５分くらいして，Ａは，点滴中に突然，大きくけいれんした後，すぐにいびきをかき，深い眠りについているような状態となった。外来診察室からＢ医師が駆け付け，呼びかけをしたが，ほどなく，呼吸は停止し，Ｂ医師がＡの手首の脈をとったところ，極めて微弱であった。

⑧Ｂ医師は，体外心マッサージ等を始めるとともに，午前６時頃，Ａを集中治療室に搬入し，他の医師も加わって各種の蘇生術を試みたが，午前７時45分頃，Ａの死亡が確認された。

⑨Ｂ医師は，Ａを診察するにあたり，触診や聴診を行っただけで，胸部疾患の既往症を聞いたり，血圧・脈拍・体温等の測定や心電図検査を行ったりはしなかった。また，Ｂ医師は，狭心症の疑いを持ちながらニトログリセリンの舌下投与をしなかった。

２．訴えの提起

　民事裁判は，当事者の訴えによって開始します（民事訴訟法133条１項）。訴えを提起した者を**原告**といい，訴えられた者を**被告**といいます（民事裁判では「被告人」ではなく「被告」といいます）。訴えは，**訴状**を裁判所に提出して行います。訴状には，「当事者及び法定代理人」，「請求の趣旨及び原因」を記載します（同条２項）。

(1) 訴訟物

　処分権主義のもとでは，審理の対象となる請求を原告が特定しなければなりません。この請求の対象を**訴訟物**といいます。訴訟物の意義については，実務上，実体法上の個別具体的な権利または法律関係であると理解されています。民法709条を例にすると，不法行為に基づく損害賠償請求権が訴訟物ということになります。

　訴訟物の特定は，訴状に「請求の趣旨及び原因」を記載して行います。**請求の趣旨**は，原告が求める訴えの結論であり，判決の主文に相当するものです。例えば，不法行為に基づく損害賠償請求における請求の趣旨は，「被告は，原告に対し，金〇〇〇〇円を支払え。」となります。しかし，これだけでは，貸したお金を返せという請求であるのか，それとも不法行為によって生じた損害を賠償しろという請求であるのか明らかではないため，**請求の原因**において，請求の法律上の根拠を明らかにします。不法行為に基づく損害賠償請求であれば，その旨を訴状に記載することになります。これにより，請求の対象である訴訟物が特定されます。

(2) 請求を理由づける事実

　訴状には，請求の原因だけではなく，「請求を理由づける事実」（民事訴訟規則53条1項）を記載しなければなりません。請求を理由づける事実は，訴訟物である請求権を直接根拠づけるための具体的事実をいい，講学上，**主要事実**と呼ばれます。例えば，不法行為に基づく損害賠償請求訴訟においては，ⓐ権利侵害，ⓑ被告の故意または過失，ⓒ損害の発生とその額，ⓓ被告の行為と損害との間の因果関係，の根拠となる具体的事実を記載します。

　そのほか，訴状には，請求を理由づける事実に関連する事実で重要なものおよび証拠（民事訴訟規則53条 1 項）と，予想される争点を記載しなければなりません。予想される争点を記載するのは，予想される争点をあらかじめ被告や裁判所に示すことにより，第 1 回目の口頭弁論期日から充実した審理を行うためです。

3．訴状審査〜第 1 回口頭弁論

(1) 訴状審査，訴状の送達

　訴状を提出すると，裁判所書記官が訴状審査をして，不備があるときは原告に補正を促します。訴状が適式であれば，訴状の副本が被告に送達されます（民事訴訟法138条 1 項，民事訴訟規則58条 1 項）。また，裁判長は，第 1 回口頭弁論期日を指定し，当事者の呼出しを行います（同法139条）。第 1 回口頭弁論期日は，原則として訴え提起から 1 か月以内の日に指定されます（同規則60条 2 項）。訴状の副本が被告へ送達されると，裁判所と両当事者の間で訴訟関係が生じ，これを**訴訟係属**といいます。

(2) 答弁書の提出

　被告に訴状が送達されると，被告は，訴状に記載されている原告の主張に対する言い分を記載した答弁書を作成して裁判所に提出します。被告は，答弁書を提出すれば，第 1 回口頭弁論期日に欠席しても，答弁書に記載した事項を陳述したものとみなされます（**陳述擬制**，民事訴訟法158条）。これに対し，訴状や呼出状が送達されたにもかかわらず，被告が答弁書を提出せず第 1 回口頭

弁論期日を欠席すると，裁判所は，被告が原告の主張を争わず**自白**したものとみなし（**自白の擬制**，民事訴訟法159条1項），原告の請求を認容する判決をすることができます（**欠席判決**といいます）。そのため，答弁書を提出することには重要な意味があります。

答弁書には，まず，請求の趣旨に対する**答弁**を記載します。ここには，「原告の請求を棄却する。」などのように，被告が求める判決の主文を記載します。また，原告が主張する請求原因について，どの事実を認め，どの事実を認めないのかを明確に記載するとともに，被告として主張する事実（抗弁事実）を具体的に記載しなければなりません（民事訴訟規則80条）。さらに，抗弁事実に関連する事実で重要なものについても記載する必要があります。

(3) 第1回口頭弁論

第1回口頭弁論期日においては，原告による訴状の陳述や被告による答弁書の陳述が行われます。被告が原告の主張を争わない場合（答弁書を提出せずに欠席した場合も含みます。）には，原告の請求を認容する判決が言い渡されることになります。

4．争点整理・証拠調べ

(1) 争点整理

充実した審理を行うためには，当事者間で，どの事実に争いがあり，どの事実に争いがないかを確定し，争いがある事実について，どのような証拠で立証するのかを決める作業が重要になります。このような作業を，**争点整理**と呼びます。

　争点整理では，双方の主張や言い分を踏まえ，訴訟物である請求権の存否を判断するのに必要な事実を，争いのない事実と争点とに選別し，当事者が立証すべき事実を明確にします。本事例の訴訟物は，不法行為に基づく損害賠償請求権であり，その存否を判断するのに必要な事実は，ⓐ権利侵害，ⓑB医師の過失，ⓒ損害の発生とその額，ⓓB医師の行為と損害との間の因果関係ですが，ⓐ権利侵害の事実（Aが死亡したこと）やⓒ損害の発生そのものについては争いがなかったため，争点は，ⓑB医師の過失の有無，ⓒ損害の額，ⓓ因果関係となりました。

　民事訴訟法には，争点整理のための手続がいくつか用意されていますが，実務において最も多く利用されているのは**弁論準備手続**です。この手続は，当事者双方が立ち会うことができる期日に行われますが（民事訴訟法169条1項），一般公開はされず，弁論準備手続室などで行われます。弁論準備手続では，主張書面（準備書面）の提出のほか，文書の証拠調べ（書証）等をすることができますが，証人尋問などを行うことはできません。複雑な事案では，当事者双方が主張書面や証拠を提出しあい，弁論準備手続の期日を何回か繰り返すことによって，争点を整理していきます。

　争点整理が終わると，裁判所は，その後の証拠調べによって立証すべき事実を，両当事者との間で確認します（民事訴訟法170条5項，165条1項）。

(2) 証拠調べ

　争点整理が終わると，争点について**証拠調べ**の手続が行われます。民事訴訟法は，証拠調べについて5つの方法を定めています。

ア　書証

　書証は，証拠となる文書等のことを意味することもありますが，民事訴訟法上は，文書の記載内容を裁判所が取り調べる証拠調べを意味します。例えば，民事医療訴訟において，カルテ等の診療記録や医療文献の証拠調べがこれにあたります。書証の申出は，文書を提出して行うことになりますが，書証を申し立てたいと考える当事者がその文書を所持していないときは，文書提出命令を申し立てることができます（民事訴訟法219条）。

イ　検証

　検証は，裁判官の五官の作用で事物の性状を認識し，その結果を証拠資料とする証拠調べです。ただし，実務上，検証が行われることは多くありません。

ウ　鑑定

　鑑定は，専門的な知識や経験を有する第三者の意見を証拠資料とする証拠調べです。複雑な事案では，事実認定にあたっては，医学などの専門分野の知見が必要になることがあり，このような場合に，裁判官の知見を補助するための証拠調べとして，鑑定が行われます。

エ　証人尋問

　証人尋問は，第三者の証言を証拠資料とする証拠調べであり，複雑な事案では，この証人尋問が重要なポイントとなることが少なくありません。

　証人尋問は，初めに，尋問を申し立てた側の当事者が証人を

尋問します。これを**主尋問**といいます。主尋問が終わると，次に相手方の当事者が**反対尋問**を行います。このような証人尋問のやり方を交互尋問といいます。また，裁判官も必要に応じて**補充尋問**を行うことができます。

オ　当事者尋問

　当事者尋問は，当事者本人の陳述を証拠資料とする証拠調べです。当事者尋問も，証人尋問と同様に，交互尋問の方式により行います。なお，弁護士等の代理人がついている事件では，代理人が当事者を尋問する形で行いますが，代理人のいない本人訴訟では，裁判官が主尋問や反対尋問を行います。

　本事案では，カルテ等の診療記録や医療文献などについて書証が行われたほか，Aの死因，B医師の過失，因果関係を認定するために専門的知見を有する複数の医師による鑑定が行われました。また，Aを診察したB医師や同僚の医師の証人尋問や，Aの遺族である原告の当事者尋問が行われました。

5．訴訟の終了

(1) 判決

　証拠調べが終わり，裁判所が判決するのに熟したと判断すると，口頭弁論が終結し，判決がなされます（民事訴訟法243条）。判決には，原告の請求を認容する判決（認容判決）と，原告の請求を棄却する判決（棄却判決）があります。また，原告の請求の一部

を認容し，残りの部分を棄却する判決（一部認容判決）もあります。なお，訴えを提起するのに必要な訴訟要件を欠く場合は，訴えを却下する判決がなされます（却下判決）。

　本事案の第一審の判決は，原告の請求を棄却する判決でした。本事例では，Aの死因について専門家の意見が分かれたこともあり，裁判所は，大動脈解離であった可能性を否定することができず，客観的見地から死因が急性心筋梗塞か大動脈解離か確定することはできないと判示しました。その上で，裁判所は，死因が確定できない以上，不安定狭心症や急性心筋梗塞の悪化，心室細動，心停止といった死因を前提とするB医師の過失を論ずることはできないとして，原告の請求を棄却する判決を下しました。

　ここで立証責任（証明責任）の考え方を思い出してみましょう。B医師の過失については，原告である遺族Xが立証責任を負います。したがって，死因が確定できず，その結果，B医師の過失の存在を立証できない場合の不利益は，原告が負うことになるため，原告の請求は認められないという結論になったのです。

(2) 判決以外の終了方法

　実務上は，**訴訟上の和解**によって訴訟が終了するケースも多く，全体の3分の1に近い事件が訴訟上の和解によって終了しています。訴訟上の和解とは，訴訟係属中に当事者双方が合意することで訴訟を終了させることをいいます（ほとんどの場合，双方が互いに譲歩する形で和解となります）。裁判所が和解案を示すことで和解に至るケースも多く，裁判所は，訴訟がいかなる程度にあるかを問わず，和解を試みることができます（民事訴訟法89条）。

　和解のメリットは，事案の実情に応じて，社会的に妥当と思われる柔軟な解決を図ることができる点や，判決ではできない根本的な紛争解決を図ることができる点にあります。民事裁判において，和解の果たす役割は大きいといえます。

　そのほか，判決以外の終了方法として，訴えの取下げ（民事訴訟法261条）や請求の認諾または放棄（同法266条）があります。なお，訴訟上の和解ではなく裁判外の和解が成立した場合には，原告が訴えの取下書を裁判所に提出し，被告がそれに同意する形で訴訟が終了するのが通例です。

6．第一審判決後の手続

(1) 控　訴

　第一審の判決に不服のある当事者は，**控訴**することができます。控訴は，地方裁判所が第一審としてした終局判決または簡易裁判所の終局判決に対してすることができます（民事訴訟法281条）。控訴の提起は，第一審判決が簡易裁判所である場合は地方裁判所に，第一審判決が地方裁判所である場合は高等裁判所に対して行います。控訴は，第一審判決の送達から 2 週間以内に提起しなければならず（同法285条），その方式は，控訴状を第一審裁判所に提出してしなければなりません（同法286条）。

　控訴審の審理は，第一審と概ね同じですが，その審理の範囲は，原則として，控訴人の不服申立ての範囲に限られます（民事訴訟法296条）。民事裁判の控訴審の審理は，第一審の審理を継続する**続審制**を採用しており，控訴審において追加で証拠調べを行うこ

ともできます。

　控訴裁判所は，控訴に理由があるときは，第一審の判決を取り消して，第一審に審理を差し戻すか，自ら請求についての判決をします。また，控訴に理由がないときは，控訴を棄却します。控訴審判決において，控訴人に不利益に原判決を変更することは許されません（民事訴訟法304条）。これを**不利益変更禁止の原則**といいます。

(2) **本事案**について

　本事案では，Aの遺族Xから控訴の提起がなされました。Xは，控訴審において，従前の主張に加えて，予備的主張として，仮にB医師の過失とAの死亡との間に因果関係が認められないとしても，Y病院はAに対し救急病院として期待される適切な救急医療を怠ったものであり，AおよびXの有する期待権を侵害したとの主張を追加し，控訴審において，新たに医師の証人尋問や，同医師が作成した書面の証拠調べが行われました。

　控訴審判決は，まず，Aの死因について，Aの病態を急性心筋梗塞と判断することは困難であるとした鑑定意見を否定し，他の鑑定意見や医師の証言等から，Aの死因は，不安定型狭心症から切迫性急性心筋梗塞に至り，心不全を来したことにあると認めるのが相当であると判示しました。

　その上で，控訴審判決は，背部痛や心窩部痛の自覚症状のある患者に対する医療行為について，本件診療当時の医療水準に照らすと，医師としては，まず，①緊急を要する胸部疾患を鑑別するために，問診によって既往症等を聞き出すとともに，血圧や脈拍，

体温等の測定を行い，②その結果や聴診や触診等によって狭心症，心筋梗塞等が疑われた場合には，ニトログリセリンの舌下投与を行いつつ，心電図検査を行って疾患の鑑別および不整脈の監視を行い，③心電図等から心筋梗塞の確定診断がついた場合には，静脈留置針による血管確保，酸素吸入その他の治療行為を開始し，また，④致死的不整脈またはその前兆が現れた場合には，リドカイン等の抗不整脈剤を投与すべきであったが，B医師は，Aを診察するにあたり，触診及び聴診を行っただけで，胸部疾患の既往症を聞き出したり，血圧，脈拍，体温等の測定や心電図検査を行ったりすることをせず，狭心症の疑いを持ちながらニトログリセリンの舌下投与もしていないなど，胸部疾患の可能性のある患者に対する初期治療として行うべき基本的義務を果たしていなかったと判示し，B医師の過失を肯定しました。

　その一方で，控訴審判決は，適切な治療をすればAを救命し得たであろう高度の蓋然性（☞第12章Ⅲ1）までは認めることができないとして，B医師の過失とAの死亡との間の因果関係を否定しました（救命できた「可能性」があったことは認定されました。）。

　そして，控訴審判決は，B医師が医療水準にかなった医療を行うべき義務を怠ったことにより，Aが適切な医療を受ける機会を不当に奪われ精神的苦痛を被ったとして，同医師の使用者たるYに対し，民法715条に基づき，右苦痛に対する慰謝料として，200万円の支払いを命じました。

　このように，控訴審判決においては，Xの主張が一部認められ，原判決が変更され請求が一部認容されました。

7．上告について

(1) 上告とは

　上告とは，原則として，控訴審の終局判決に対して法令違反を理由として不服申立てをすることをいいます。高等裁判所の終局判決に対する上告は最高裁判所に，地方裁判所が控訴審としてした終局判決に対する上告は高等裁判所に対して行います。上告審は法律審であり，上告審の審理対象は法律問題に限定され，原則として事実認定に関する審理は行われません。

　最高裁判所に対する上告は，ⓐ憲法解釈の誤りその他憲法違反がある場合か（民事訴訟法312条1項），ⓑ重大な手続違反がある場合（同条2項各号）に限られます。なお，高等裁判所に対する上告は，ⓒ判決に影響を及ぼすことが明らかな法令違反がある場合にもすることができます（同条3項）。

　このように上告理由を厳格に制限する代わりに，民事訴訟法は，**上告受理申立て**という仕組みを設けています（民事訴訟法318条）。これは，上告理由が認められない場合であっても，最高裁判所は，法令解釈の統一確保の観点から，原判決に最高裁判所の判例と相反する判断がある事件その他の法令の解釈に関する重要な事項を含むものと認められる事件について，申立てにより，決定で，上告審として事件を受理することができるという制度です。上告受理の申立てに対し，最高裁が受理決定をした場合には，上告があったものとみなされます（同条4項）。

　上告審においては，不服の主張に理由がない場合には上告が棄却されます。これに対し，上告に理由がある場合には，原判決が

破棄され，原裁判所へ差し戻されるか（他の裁判所へ移送されることもあります），最高裁自ら当該事件について裁判をします。これを自判（破棄自判）といいます。

(2) 本事案について

　本事案では，控訴審の判決を不服として，Yが上告しましたが最高裁は，原審の判断は正当として是認することができるとして，Yの上告を棄却しました。

　なお，本事案のもとになった事件の上告審判決の判旨は，次のとおりです。

最判平成12年9月22日民集54巻7号2574頁

「疾病のため死亡した患者の診療に当たった医師の医療行為が，その過失により，当時の医療水準にかなったものでなかった場合において，右医療行為と患者の死亡との間の因果関係の存在は証明されないけれども，医療水準にかなった医療が行われていたならば患者がその死亡の時点においてなお生存していた相当程度の可能性の存在が証明されるときは，医師は，患者に対し，不法行為による損害を賠償する責任を負うものと解するのが相当である。けだし，生命を維持することは人にとって最も基本的な利益であって，右の可能性は法によって保護されるべき利益であり，医師が過失により医療水準にかなった医療を行わないことによって患者の法益が侵害されたものということができるからである。」

このように，本事案では，Ｂ医師の過失とＡの死亡と間の因果関係は認められなかったものの，生命を維持する可能性を法によって保護されるべき利益と位置づけて，医師の過失がなければ患者がその時点で生存していた相当程度の可能性が証明される場合には，不法行為責任が認められると判示しており，この点に，本判決の大きな意義があります（☞第14章Ⅱ4）。その一方で，本判決では，死亡による逸失利益等は認められず，精神的苦痛に対する慰謝料のみが認められた点にも留意する必要があります。

本章のポイント

● 民事訴訟法は，民法等の定める私人間の権利義務関係を確定させるための民事裁判の手続について定めた法律である。

● 民事裁判の基本原則として，処分権主義と弁論主義がある。

● 民事裁判の第一審の基本的な流れは，訴えの提起➡訴状の送達➡答弁書等の提出➡争点整理・証拠調べ➡判決である。

〔主な参考文献〕

- 兼子一（原著）＝松浦馨＝新堂幸司＝竹下守夫＝高橋宏志＝加藤新太郎＝上原敏夫＝高田裕成『条解民事訴訟法〔第2版〕』（弘文堂，2011年）
- 裁判所職員総合研修所監修『民事訴訟法講義案〔3訂版〕』（司法協会，2016年）

第3部

実践編

第7章

捜査活動と死因究明

I　はじめに

1．本章の目的

　本章では，捜査活動において死因究明が行われる類型の刑事事件，具体的には，殺人事件や過失運転致死事件など人の死が深く関係する事件を取り上げて，捜査の実務について説明をします。

　本章の主な目的は，以下の3つです。

本章の目的

① 捜査において死因究明の果たす役割を知る。

② 捜査段階における死因究明のための手段を知る。

③ 具体的事例において，どのような点に留意して死因究明を行うべきかを知る。

2．捜査とは何か？

(1) 因果関係と死因究明

　「捜査」とは，犯罪が発生した疑いがある場合に，警察官や検察官が，犯人の特定や証拠の収集のために行う活動のことをいいます。映画やドラマの中で，刑事が事件現場に行って死体や現場の状況を確認したり，犯人を突き止めて逮捕したり，犯人を取り調べたりするシーンを目にしたことがある人は多いと思いますが，それらはすべて捜査活動だということになります。

参照条文

刑事訴訟法189条2項　司法警察職員は，犯罪があると思料するときは，犯人及び証拠を捜査するものとする。

同法191条1項　検察官は，必要と認めるときは，自ら犯罪を捜査することができる。

　同条2項　検察事務官は，検察官の指揮を受け，捜査をしなければならない。

---

(2) 捜査の端緒

　犯罪発生後，捜査機関が犯罪を認知し，捜査を始めるきっかけのことを**捜査の端緒**といいます。捜査の端緒は多種多様であり，死体を発見した人が110番通報することや，犯罪被害に遭った被害者本人が交番に駆け込んで被害届を出すこと，警察官が不審な人物を職務質問することなどが典型ですが，マスコミの調査報道や世間の噂が捜査の端緒になるケースもあります。また，刑事訴訟法には，現行犯人の逮捕（212，213条）や変死者等の検視（229

条），犯罪の告訴（230条）・告発（239条），犯人の自首（245条）など，捜査の端緒に関する規定が多く設けられています。このうち，死因究明と関わりの深い**検視**については，後で取り上げます。

　捜査の端緒の後の捜査活動については，すでに第3章で学びましたので，次に，捜査活動における死因究明の意味について。具体的なケースを想定しながら説明します。なお，捜査段階において犯人と疑われる者を**被疑者**と呼ぶため（👉p.48*Keyword*），以下，本章では加害者のことを「被疑者」と表記します。

II　捜査における死因究明の役割

1．捜査における死因究明の意味

　捜査活動において，死因究明はどのような意味を持っているのでしょうか。捜査において死因究明が重要になるのは，人の死という結果の発生が構成要件要素となっている犯罪，具体的には，殺人罪（刑法199条）や傷害致死罪（同法205条），過失運転致死罪（自動車運転死傷処罰法5条）などの場合です（👉**第2章Ⅳ1**）。

(1) 因果関係と死因究明

　上記の犯罪類型では，捜査活動において，死因究明によって因果関係を明らかにすることが不可欠です。例えば，殺人罪の犯罪構成要件は，ⓐ殺意を持って（故意），ⓑ人を死に至らしめる行為を行い（実行行為），ⓒその結果として（因果関係），ⓓ人が死亡

した（結果）ことですが（☞第 2 章Ⅲ 2），このうしⓒ因果関係について真相を明らかにするには，狭義の死因究明（☞p.10）によって，被害者の死因そのものを明らかにすることが不可欠です。

　例えば，仮に，被疑者が，ベッドで横になっている被害者を殺すつもりで拳銃を発射し，被害者の心臓付近に弾が命中したというケースであっても，実際には，その 1 時間前に被害者が心臓発作で死亡していたというような場合，被疑者が拳銃を発射した行為と被害者の死亡という結果との間に条件関係（☞p.40）が認められず，因果関係を肯定することはできないため，被疑者に殺人罪の既遂犯としての罪責を問うことはできません。

(2) 実行行為と死因究明

　上記のケースは狭義の死因究明によって因果関係が明らかになったケースですが，広義の死因究明によって，実行行為が判明することもあります。

　例えば，柄の部分に被疑者の指紋がべったりと付着した包丁が刺さって被害者が死亡していたケースであっても，包丁が腹部に刺さっている場合と，背中に刺さっている場合とでは，大きな違いがあります。腹部に包丁が刺さっていた場合，犯行時の状況によっては，包丁を持って構えていた被疑者に被害者が勢いよく向かってきた結果，被害者の腹部に包丁が刺さってしまった可能性も否定できません。これに対し，包丁が刺さっていたのが被害者の背中である場合，被害者が後ろ向きに被疑者に向かって勢いよく向かってくることは通常考えにくいため，被疑者が包丁を被害者に突き刺したと推定されます。

　また，例えば，被害者に多数の防御創（抵抗した際に手指にできる切創など）がある場合や，被害者の後背部に多数の切創や刺創がある場合，被疑者は，抵抗したり逃れようとしたりする被害者を執拗に刃物で攻撃したことがうかがわれます。このように，死体の状況から，被害者の死因だけでなく，犯行時の実行行為の態様（犯行態様）や犯行前後の態様を，ある程度推定することができる場合があります。

(3) 主観的要素と死因究明

　上記の各ケースは，死因究明によって，因果関係や実行行為，犯行前後の被疑者の態様といった客観的要素が明らかになるケースですが，故意や過失，被害者の内心といった主観的要素が死因究明によって一定程度判明する場合もあります。

　例えば，胸部に包丁が根元まで深く刺さった死体が発見されたというケースで，凶器を抜いてみると被害者の体内で包丁の刃が折れていたような場合，被疑者が被害者の胸部という身体の重要な部分（枢要部）を，包丁の刃が体内で折れてしまうほどの強い力で突き刺したことことがうかがわれるため，被疑者が被害者を殺すつもりで刺突行為を行った，つまり，殺意を持って実行行為に及んだという被疑者の内心を推定することができます（ただし，被害者が勢いよく包丁を持った被疑者にぶつかってきたという可能性もゼロではないため，包丁の刃が折れていたことのみから直ちに殺意が認められるわけではありません）。

　また，例えば，小柄で見るからに力の弱そうな少女が，「彼に殺して欲しいと言われたので，紐で首を絞めて殺した」と言って自

首してきた場合はどうでしょうか。もし被疑者（少女）の言っていることが真実であれば，通常の殺人罪は成立せず，同意殺人罪（☛p.37）が成立するにとどまります。被害者が死亡している場合，被害者が同意していたのか否かを被害者自身に尋ねることはできませんが，被害者がプロレスラーのような屈強な成人男性であるようなケースでは，上記の事例の被疑者が抵抗する被害者を力ずくで押さえつけて首を絞めることは難しいため，被害者が犯行時に意識があったにもかかわらず抵抗せずに紐で首を絞められていたのであれば，被疑者の言っていることが真実である可能性が高まります。反対に，広義の死因究明によって犯行時に被害者が酒や睡眠薬で昏睡していたことが明らかになれば，力の弱い被疑者でも被害者の同意なく首を絞めることが可能であることから，被疑者の供述を軽信することはできません。

　このように，被疑者や被害者の内心のような主観的要素を明らかにするにあたっても，死因究明が重要な役割を果たします。

2. 死因究明なくして事案の真相解明なし

　以上見てきたように，殺人事件のように被害者が死亡しているケースにおいては，被害者が自ら被害の状況を語ることができないため，死因究明が事件の真相を明らかにする上で極めて大きな意味を持っています。

　むしろ，死因究明を適切に行うことなしに，このような刑事事件を解決することは非常に困難であると言っても過言ではないと思われます。

III　捜査段階における死因究明

1．想定事例

　捜査段階における死因究明について，具体的な事例を想定して考えてみましょう。

事　例

　ある日の早朝，新潟大学旭町キャンパスから少し海の方に行った防砂林で，犬の散歩をしていた近所の主婦が，胸に刃物で刺されたような傷のある上半身裸の男性の死体を発見した。

　死体を発見した主婦は，慌てて持っていた携帯電話で110番通報し，臨場した警察官が現場付近を捜索したところ，近くの草むらから，血のついた包丁が発見された。

2．実況見分・検証

(1) 実況見分・検証とは？

　実況見分とは，視覚や聴覚など人の五官の作用によって，物や人，場所の性質や状態を認識する捜査方法のうち，任意処分（任意捜査）として行われる捜査活動をいいます。これに対し，このような五官の作用によって，物や人，場所の性質や状態を認識する捜査方法が強制処分（強制捜査）（☞p.49）として行われる場合は，**検証**にあたります（刑事訴訟法218条1項）。

参照条文

刑事訴訟法218条 1 項　検察官，検察事務官又は司法警察職員は，犯罪の捜査をするについて必要があるときは，裁判官の発する令状により，差押え，記録命令付差押え，捜索又は検証をすることができる。この場合において，身体の検査は，身体検査令状によらなければならない。

実況見分と検証との使い分けについては，道路上や公園など誰でも出入りが可能な場所の場合には，任意処分である実況見分で行われることが多いと思います。他方，遺体が発見された場所が人の住居や管理している場所であったような場合には，仮に所有者や管理者の同意があったとしても，発見直後の状況については急ぎ実況見分で保全し，その後は速やかに裁判官から令状を得て，強制処分である検証へと移行することが通例だと思われます。

想定事例の防砂林の場合，誰でも出入り可能な場所のようですので，実況見分として実施されるのではないかと考えられます。

(2) 検証調書と実況見分調書の証拠能力

刑事訴訟法上，書面は伝聞証拠として扱われます。そのため，伝聞法則の下（👉第 4 章 Ⅱ 1），その証拠能力には厳しい制限が課せられ，原則として証拠能力は認められません。しかし，検証調書の場合，公判廷では検証を行うことができないことから調書を証拠とする必要性が高いこと，詳細に観察した結果を記載しているので書面にして報告させた方が正確であること，警察官等が職務上作成するものであり信頼性が認められることなどの理由から，

作成者が検証の結果を正確に記載したものであることを公判廷で
証言することを条件に，証拠能力が認められます（刑事訴訟法321
条3項）。実況見分調書についても，検証調書と同様での趣旨が妥
当することから，判例により，検証調書と同じ条件で証拠能力が
認められています（最判昭和35年9月8日刑集14巻11号1437頁）。

参照条文

刑事訴訟法321条3項　検察官，検察事務官又は司法警察職員の
　　検証の結果を記載した書面は，その供述者が公判期日におい
　　て証人として尋問を受け，その真正に作成されたものである
　　ことを供述したときは，第一項の規定にかかわらず，これを
　　証拠とすることができる。

---

(3) 想定事例のケース

　想定事例のように死体の腹部に刺し傷があるケースでは，犯罪
行為による死亡，すなわち犯罪死（☞p.9*Column*）である可能性
が高いため，直ちに捜査が開始されます。具体的な捜査活動とし
ては，まず，死体や発見現場の状況について，実況見分または検
証が行われます（両者の違いについては前述）。

　まず，死体そのものについては，その外見を確認し，着衣の有
無，身体の汚れ，傷などの状況や範囲，程度を丹念に記録に残し
ていきます。次に，発見現場の状況について，死体の態勢や，関
係する物の位置関係，現場の状況などについて文字や写真等で記
録するとともに，それぞれの距離関係を測定し，最終的にはこれ
らを元に図面（現場見取り図）を作成します。

　また，現場あるいはその周辺で捜査員が発見した物の形状や臭い（腐敗臭や尿臭など）なども漏れなく記録していきます。例えば，発見された死体は右足のみ靴を履いており，砂防林の入り口に被害者のものと考えられる左足の靴が残されていた場合，左足の靴の発見状況や靴の状況（付着物の有無等），靴と遺体発見現場との位置関係についても逐一記録することになります。このようケースだと，靴下も脱げていて別の場所から発見されたり，あるいは，土に汚れ，ずり落ちた状態で死体とともにあったりすることもありますが，こういった事実も，犯行状況を特定するための重要な証拠になり得るため，詳細に記録に残すことになります。

　こうして記録したものは，現場見取り図や現場で撮影した写真，立会人による指示説明の記録を含め，実況見分であれば実況見分調書，検証であれば検証調書にまとめられます。

3．司法解剖

(1) 司法解剖とは？

　司法解剖とは，裁判官の発布した鑑定処分許可状（刑事訴訟法225条，168条）に基づいて行われる解剖のことをいい，外見からだけでは判断できない正確な死因や死亡時期を明らかにするために行われます。司法解剖は，鑑定処分許可状という令状に基づいて実施することが求められており，強制処分にあたります。

　ここでいう**鑑定**とは，特別の分野についての専門的知識や経験を有する者（学識経験者）に，その知識経験に基づいて判断をしてもらうことを意味します（☞**第10章 II 1**）。鑑定は，公判段階で

行われることもありますが，多くの場合は捜査段階で行われます。捜査段階で行われる鑑定は**嘱託鑑定**と呼ばれ，捜査機関が専門的な知識や経験を有する鑑定受託者に嘱託して鑑定を実施してもらうことになります（刑事訴訟法223条１項）。

　鑑定の中でも，血液鑑定やDNA型鑑定，薬物検査などについては，警察の科学捜査研究所（科捜研）など犯罪鑑識機関で行われる場合が多いですが，死体解剖による死因の特定等については，法医学を専門とする医師に依頼がなされ，鑑定処分許可状に基づいて司法解剖が行われます。

【図１：警察における死体取扱いの流れ】

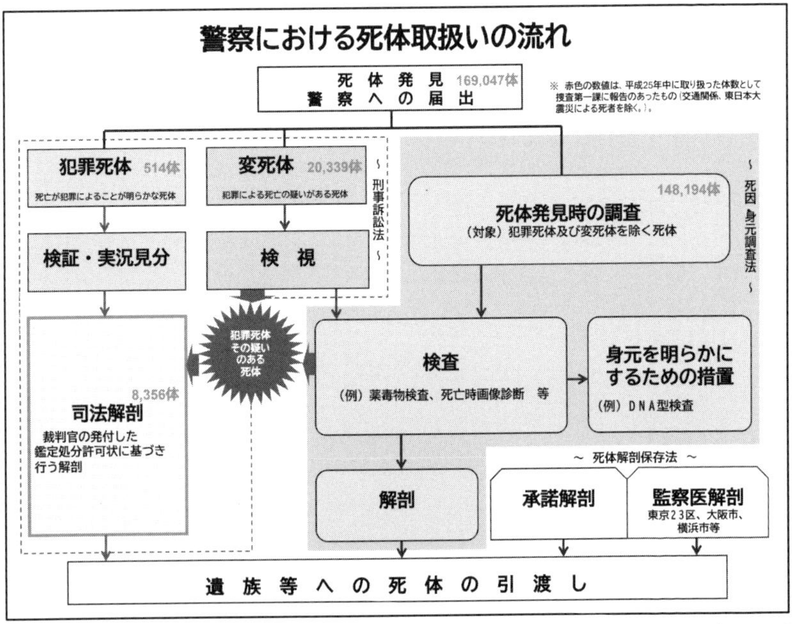

出典：警察庁刑事局「司法解剖の実施」（平成26年6月11日）　１頁

(2) 想定事例のケース

　想定事例のようなケースでは，発見された状況から殺人事件である疑いが強いといえますが，司法解剖によって被害者の死因が特定されるまでは，殺人事件と断定することはできません。仮に，被害者が近くで見つかった包丁で胸を刺されたのだとしても，刺される前に既に死亡していた可能性もあり得るからです。このようなケースでは，本章Ⅱ1(1)で述べたように，司法解剖によって被害者の死因を明らかにする必要があります。

　また，刃物で刺されて死亡したことが明らかになったとしても，それで司法解剖の目的が達成したことにはなりません。本章Ⅱ1(2)や(3)で述べたように，傷の数や深さ，角度その他死体のさまざまな状態を明らかにすることで，被疑者の犯行態様や犯行時の内心を明らかにする必要があります。司法解剖は後からやり直すことができないため，思い込みをせず，丁寧に死体に残った犯罪の痕跡を記録しておくことが重要です。

4．鑑定書

　以上のように，捜査段階においては鑑定受託者である医師が司法解剖を実施し，死因究明を行いますが，その結果は，**鑑定書**として捜査機関に提出されます。

　鑑定書は，専門家がその特別の知識経験をもとに作成した書面であって内容の信用性が高いことなどから，作成者が法廷において鑑定の経過と結果を正確に鑑定書に記載したことを証言すれば証拠能力が認められます（☞**第10章Ⅲ2**）。

参照条文

刑事訴訟法321条4項　鑑定の経過及び結果を記載した書面で鑑
　　定人の作成したものについても，前項と同様である。
同法323条　前三条に掲げる書面以外の書面は，次に掲げるもの
　　に限り，これを証拠とすることができる。
　一　戸籍謄本，公正証書謄本その他公務員（外国の公務員を含
　　む。）がその職務上証明することができる事実についてその
　　公務員の作成した書面
　二　商業帳簿，航海日誌その他業務の通常の過程において作成
　　された書面
　三　前二号に掲げるものの外特に信用すべき情況の下に作成さ
　　れた書面

　なお，医師が作成した診断書については，鑑定書と同様の要件
で証拠能力が認められますし，カルテや手術記録といった書面に
ついては「業務の通常の過程において作成された書面」（刑事訴訟
法323条2号）として無条件に証拠能力が認められています。

5．犯罪死であることが明らかでない場合

　想定事例は，後から死因究明によって犯罪死でないと判明する
可能性はゼロではありませんが，少なくとも発見現場の状況だけ
見た場合，犯罪死であることが明らかであるといってよいような
ケースでした。それでは，犯罪死であることが必ずしも明らかで
ない場合は，どのような経過をたどるのでしょうか。

(1) 検視

　犯罪死とは断定できないが，不自然な原因で死亡した疑いがある死体のことを**変死体**といいます。このような場合，捜査機関は，まずは検視を行います。**検視**とは，死体を五官の作用によって見分し，犯罪による死亡であるか否か，または，犯罪による死亡の疑いがあるか否かについて判断する捜査活動です。

参照条文

刑事訴訟法229条1項　変死者又は変死の疑のある死体があるときは，その所在地を管轄する地方検察庁又は区検察庁の検察官は，検視をしなければならない。
　同条2項　検察官は，検察事務官又は司法警察員に前項の処分をさせることができる。

　検視の主体は検察官ですが（刑事訴訟法229条1項），検察官は検察事務官や司法警察員（警察官）に検視をさせることができ（同条2項），実務上は，ほとんどのケースで司法警察員による検視（代行検視）が行われています。

　検視は，急を要する捜査活動であることから令状は必要ありませんが，医師の立ち合いが必要とされています（検視規則5条）。また，検視は，司法解剖をするか否かの判断にあたり必要な事項，つまり，犯罪死の疑いがあるかどうかを判断するための捜査活動であるため，死因や死亡推定時刻を含め多くの事項を綿密に調査する必要があります（p.112 *Column*）。なお，検視の結果，犯罪死やその疑いがあるとされた死体については，司法解剖へと移行します。

Column　検視の要領

　検視規則6条1項は，検視の要領として，同条各号に掲げる事項を「綿密に調査しなければならないと定めています」。また，同条2項は，同条1項の調査にあたって必要がある場合には，ⓐ立会医師の意見を徴することのほか，ⓑ家人，親族，隣人，発見者その他の関係者について必要な事項を聴取すること，ⓒ人相，全身の形状，特徴のある身体の部位，着衣その他特徴のある所持品の撮影および記録すること，ⓓ指紋の採取等を行うことを「行わなければならない」と定めており，同条は，狭義の死因究明だけでなく，広義の死因究明にも配慮した規定となっています。

参照条文

検視規則6条2項　検視に当つては，次の各号に掲げる事項を綿密に調査しなければならない。

一　変死体の氏名，年齢，住居及び性別
二　変死体の位置，姿勢並びに創傷その他の変異及び特徴
三　着衣，携帯品及び遺留品
四　周囲の地形及び事物の状況
五　死亡の推定年月日時及び場所
六　死因（特に犯罪行為に基因するか否か。）
七　凶器その他犯罪行為に供した疑のある物件
八　自殺の疑がある死体については，自殺の原因及び方法，教唆者，ほう助者等の有無並びに遺書があるときはその真偽
九　中毒死の疑があるときは，症状，毒物の種類及び中毒するに至った経緯

(2) 死因・身元調査法

　警察は認知した死体のうち，犯罪死であることが明らかでなく，また，犯罪による死亡の疑いがあるともいえないものについては，「警察等が取り扱う死体の死因又は身元の調査等に関する法律」（死因・身元調査法）によって手続が進められます。同法に基づく措置は，いわば捜査活動の前段階というべきものですが，死体発見時の調査や，必要に応じて薬毒物検査や死亡時画像診断，解剖などの措置ができることなり，死因究明のためのあらたな手段として期待されています。

【図2：死因・身元調査法による措置】

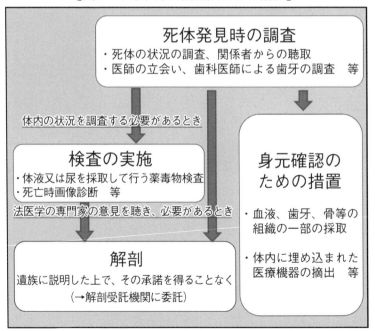

出典：警察白書平成26年版29頁図表53を一部改変

> **本章のポイント**
>
> - 捜査における死因究明の果たす役割として，被害者の死因だけでなく，犯行態様の解明や殺意などの主観的要素を推認させる事実などを明らかにすることが挙げられる。
> - 捜査段階における死因究明のための主要な手段として，実行見分・検証，司法解剖，検視が挙げられる。
> - 「警察等が取り扱う死体の死因又は身元の調査等に関する法律」の制定により，上記の手段の対象でない死体についても，死因究明のための措置が可能となった。

〔**主な参考文献**〕

- 池田修＝前田雅英『刑事訴訟法講義〔第6版〕』（東京大学出版会，2018年）
- 前田雅英『刑法総論講義〔第7版〕』（東京大学出版会，2019年）
- 池谷博＝櫻田宏一『あたらしい検案・解剖マニュアル』（金芳堂，2018年）
- 高津光洋『検死ハンドブック』（南山堂，2016年）
- 前田雅英『裁判員のための刑事法入門』（東京大学出版会，2009年））

第8章

刑事事実認定と死因究明①
－ 事件性 －

I　はじめに

1．本章の目標

　本章と次章では，刑事事件における事実認定と死因究明との関係について解説します。

　本章では，事実認定とは何か，という点について確認した上で，刑事事件においてはじめに問題となる「事件性の有無」に関する事実認定と死因究明との関係について説明します。

　本章の主な目標は，以下の3つです。

本章の目標

① 事実認定とは何かを知る。

② 刑事事件においてはじめに問題となる事件性の有無とは何かを知る。

③ 事実認定の有無に関する事実認定と死因究明との関係について知る。

2．事実認定とは何か？

　事実認定とは，刑事裁判や民事裁判等において，証拠から事実を認定することを意味します（☞p.7*Keyword*）。

　現実の裁判では，争いのある事件であっても，法律解釈が主たる争点となることは非常に少なく，ほとんどの場合，この事実認定が主な争点になります。例えば，刑事裁判において地裁と高裁とで有罪無罪の判断が分かれた事例の多くは，法律解釈の違いによるものではなく，事実認定が異なることによるものです。

　本章と次章では，刑事裁判における事実認定について，具体的な事例を題材に説明します（民事裁判における事実認定については，第13章と第14章で説明します。）。なお，刑事裁判になる前の段階でも，検察官が捜査によって得られた証拠に基づいて事実認定を行った上で当該事件について起訴するか否かを判断しますが，ここでは，刑事裁判における事実認定に焦点をあてて説明します。

(1) 刑事裁判における立証責任とは

　刑事裁判においては，検察官が，①犯罪が行われたこと（**事件性**），②被告人が犯人であること（**犯人性**），③被告人の行為が犯罪構成要件に合致すること（**構成要件該当性**）について，証拠によって証明しなければなりません。それ以外にも，検察官は，事案に応じて，④違法性阻却事由がないことや⑤責任阻却事由がないことなどを，証拠によって証明する必要があります。このことを，**刑事裁判における立証責任は検察官にある**，と表現します。

　これらの立証は，「地球が回っていること」のように，世間一般

に知られていて通常人であれば疑うことのない事実（公知の事実）を除き，裁判所に採用された証拠のみによって行われます（もちろん，当該証拠に**証拠能力**（☞第4章Ⅰ2）が認められることが前提です。）。そして，裁判所が，証拠から「まず間違いなくあった」といえるかどうかを判断するのが，刑事裁判における事実認定です。刑事裁判においては，裁判所は，当該事実が「『あった』のか，それとも『なかった』のか」を判断するのではなく，当該事実が「『まず間違いなくあった』といえるか，それとも，『まず間違いなくあった』とまではいえないのか」について判断することに注意してください（「**疑わしきは被告人の利益に**」（☞p.47 *Column*））。

(2) 事実認定の方法

　事実認定には，ⓐある事実を直接証明することができる証拠（**直接証拠**）によって行う事実認定と，ⓑある事実を間接的に裏付ける事実（**間接事実**）を積み上げて総合判断することによって行う事実認定の2つの方法があります。この間接事実を証明する証拠のことを**間接証拠**といいます。

　直接証拠がある場合，事実認定は，その直接証拠によって当該事実が「まず間違いない」と判断できるか否か，という観点から行われます。この場合，直接証拠の信用性の有無や程度を判断するための，直接証拠以外の証拠のことを**補助証拠**といいます。

　これに対し，直接証拠がない場合，事実認定は，間接事実を積み上げて総合判断することにより，検察官が主張する事実が「まず間違いなくあった」と認定できるか否か，という観点から行われます。間接事実についても，公知の事実を除き，証拠（間接証

拠）によって認定する必要があります。なお，間接証拠のことを情況証拠ともいいます。報道や小説などでは状況証拠と記載されることもありますが，情況証拠が正確な表記です。

Column　直接証拠の証明力

　直接証拠の典型的な例として，犯罪の瞬間を撮影していた防犯カメラの映像や，犯罪を目撃した第三者の供述などがありますが，このような直接証拠があるからといって，直ちに犯人性や構成要件該当性が認定できるわけではありません。このような場合であっても，裁判所は，当該証拠の証明力（👉**第4章I 2**）について，慎重に判断する必要があります。

　防犯カメラの映像の場合，映像の内容に何らかの誤りが存在しないか（例えば，防犯カメラの映像の表示時刻が実際の時刻と数分程度ずれていることは非常によくあります。）や，その映像から被告人が犯人であると間違いなく認定できるか（例えば，防犯カメラの映像が粗く，被告人とよく似た別の人物の可能性を排斥できないことがあります。）といった点などについて，慎重に判断する必要があります。また，そもそも映像自体が何者かによって偽造されたものではないかという点についても，念のため検討する必要があります。ちなみに，筆者は，刑事事件ではありませんが，ＤＮＡ鑑定書が偽造されたものであったケースに遭遇したことがあります。

　目撃供述のような主観証拠の場合，人の記憶は非常に曖昧なものであることから，その信用性について，さらに慎重に判断する必要があります。

3．間接事実による事実認定

間接事実による事実認定は，法曹関係者以外の一般の方には少しわかりにくいため，裁判所では，裁判員に選任された方のために，例えば次のような事例を用いて説明しています。

> ある朝起きて窓の外を見たら，街全体に一面の雪が積もっていたとしましょう。前の晩，寝る前に窓の外を見たときには雪が積もっていなかったとしたら，皆さんは，夜の間に雪が降った，と考えると思います。このとき，皆さんは，夜の間に雪が降っているところを実際に見たわけではありませんが，夜の間に雪が降ったのだと判断しています。これを，間接事実による事実認定と言います。

上記の説明は，間接事実による事実認定を非常にわかりやすく示しています。つまり，この事例では，ⓐ朝に街全体に一面の雪が積もっていたこと，ⓑ前の晩には雪が積もっていなかったことの2点が間接事実であり，これらの間接事実から，「まず間違いなく」夜の間に雪が降った，と認定しているのです。

もちろん，抽象的な可能性としては，夜間に何者かがどこかから雪を運んできて街全体に撒いたということも考えられるかもしれませんが，そのようなことは合理的にはあり得ないため，ⓐとⓑの事実が立証されれば，**合理的な疑いを超える証明**（☞p.65）がなされたと考え，「夜の間に雪が降った」と事実認定できることになります。なお，上記の事例では，ⓐとⓑの間接事実について，それを見た「皆さん」の供述が間接証拠となります。

119

Ⅱ　事件性の認定と死因究明

１．事件性の有無の判断と死因究明

　人が死亡した場合であっても，犯罪が行われた疑いがない，すなわち事件性がないと判断されれば，捜査は行われません。例えば，病死の場合や自殺の場合は，基本的に事件性はないと判断されます。ただし，病死や自殺の場合であっても，医療過誤によって本来は治るはずの病気が悪化して病死したようなケースでは業務上過失致死罪（刑法211条前段）が成立する可能性がありますし，自殺の場合も，自殺を唆したり手助けしたりしたケースでは，自殺関与罪（刑法202条前段）が成立する可能性があります。

　このように，犯罪の成否は，死の直接の原因（狭義の死因）や死亡に至る経緯（広義の死因）と密接に関係しており，これらが解明されて初めて，事件性の有無を適正に判断することできます。

　しかしながら，実際には，第1章で紹介した相撲部屋における集団暴行による傷害致死事件（☞第1章Ⅰ2）や，ガス湯沸かし器の動作不良による一酸化炭素中毒死事件（☞第1章Ⅰ3）のように，死因が明らかでない段階で警察が事件性はないと判断し，その後，解剖等の死因究明によって，実は事件性があったことが判明したケースも少なくありません。犯罪を見逃さないためには，死因が明らかでない死体については積極的に解剖等を行うなどして死因究明を行い，その結果を前提に，事件性の有無を適正に判断することが重要です。

2．どのようなケースで事件性の有無が問題となるか

(1) ある殺人事件の事例

　それでは，具体的にどのようなケースで事件性が問題となるのでしょうか。実際の刑事事件の事例を題材に考えてみましょう。

事実の概要

　男性の声で「自宅で妻を殺した。」と110番通報があり，警察が駆けつけたところ，高齢の女性が布団の上で死亡していた。その場にいた高齢の男性に事情を聴いたところ，「介護疲れから寝たきりの妻の口を手で塞いで殺した。」と供述し，女性の口の周りに圧迫されたような痕があったことから，警察は，男性を殺人の疑いで逮捕した。

　上記の事例では，男性が犯行を認めており，それを裏付けるような客観的状況もあることことから，事件性の有無は問題とならないようにも思われます。しかしながら，刑事裁判においては，自白のみで有罪とすることはできないため（憲法38条３項参照），このような場合でも，司法解剖等を行って被害者の死因を特定するとともに（**狭義の死因究明**），犯行前後の状況をできるだけ明らかにして（**広義の死因究明**），被害者が病死や自殺でないこと，すなわち事件性があることを明らかにする必要があります。

参照条文

憲法38条３項　何人も，自己に不利益な唯一の証拠が本人の自
　　　　　　白である場合には，有罪とされ，又は刑罰を科せられない。

実際の事件では，司法解剖の結果，犯行当時，被害者は衰弱していたものの生存してことが判明し，被疑者（☞p.48*Keyword*）が被害者の口を手で塞いだことにより被害者が死亡したことも裏付けられため，検察官は，被疑者を殺人罪で起訴しました。その後，裁判員裁判の公判廷において，司法解剖をした医師が鑑定（☞**第10章Ⅰ2**）の結果について証言し，裁判所は，殺人罪の成立を認めました。ただし，被告人が長年にわたり被害者の介護を行っていたことや，犯行時において被害者が老衰によりいつ自然死してもおかしくない状況であったことなどから，情状が酌量され，執行猶予付きの懲役刑が言い渡されています。

(2) 事件性が問題となるケース

刑事裁判では，起訴状に記載された事実のみが審理の対象となることから，被告人が殺人罪で起訴されたときは，原則として殺人罪の成否のみが問題となります。殺意や因果関係のような殺人罪の犯罪構成要件の一部のみが認定されなかった場合，残りの構成要件要素で成立する傷害致死罪（同法205条）や殺人未遂罪（同法203条・199条）で有罪になることがありますが（一般に「認定落ち」といいます。），被害者が自殺や事故で死亡した場合，このような可能性もないため，犯人性や構成要件該当性を審理するまでもなく，当該刑事裁判においては，犯罪の成立は否定されます。

したがって，殺人罪の場合に事件性の有無が問題となるのは，被害者が自殺や事故で死亡した合理的な疑いが排斥できず，犯人性や構成要件該当性について審理するまでもなく，犯罪の成立が否定される可能性があるケースということになります。

Ⅲ　事件性が争われた具体的事例

1．事件性が争われた事例

　次に，実際の裁判員裁判において，具体的に事件性が争われた事案をみてみましょう（実際の事件の事実を少し変えています）。

事実の概要

　警察が行方不明になった被害者を捜索していたところ，被害者の知人である被疑者が，被害者が行方不明になった直後に自宅の庭で大きな穴を埋めていたのを見たという目撃情報を得たことから，当該知人を被疑者として令状をとり被疑者宅の庭を掘り返したところ，被害者の死体が発見された。

　司法解剖の結果，被害者は拳銃で頭を撃たれ死亡したこと，弾丸は被害者の右側頭部後方から左側頭部前方に向かって貫通したこと，胃の内容物から被害者は食事をとってから2時間以内に死亡したと考えられること，などが判明した。

　警察は，殺人事件と判断し，被疑者を逮捕したが，被疑者は「ゴミを捨てるために穴を掘って埋めた。被害者の遺体については何も知らない。誰かが夜中に勝手に自分の庭を掘り返して埋めたのではないか」と述べ，犯行を否認した。

　捜査の結果，被告人が事件翌日に被害者の銃創と矛盾しない拳銃を厳重に梱包した上で中身を偽って知人に預けていたことが判明し，検察官は，被疑者が被害者を殺害したことは明らかであると考え，被告人を殺人の事実で起訴した。

---

(1) なぜ本件で事件性の有無が問題となるのか

　この事案を見て，検察官と同様，被告人が被害者を殺害したことは明らかだと考える人がいるかもしれません（むしろ，そう考えるのが通常だと思われます）。また，中には，上記の事実からは，被告人以外の者が被告人宅の庭に被害者の遺体を埋めた可能性が排斥できないと考え，犯人性が問題になると考えた人もいるかもしれません。実際の事件でも，犯人性が主たる争点となりましたが，実は，その前提として，事件性の有無も問題となりました。

　この事件では，被害者の遺体が地中から発見されていることから，被害者が何者かに殺害されたこと，すなわち事件性は明らかであるとも考えられます。しかしながら，被害者が何らかの理由で拳銃自殺をしたとしたら，何者かがそれを隠蔽するために被害者の遺体を地中に埋めた可能性を排斥できるでしょうか。

　「被害者が自殺したのであれば遺体を隠蔽する必要性はない」と考える人もいるかもしれませんが，日本では，拳銃を所持しているだけでも非常に重い罪に問われることを考えれば，自分が違法に所持していた拳銃を被害者が使って自殺した場合，拳銃の所持の事実が発覚して逮捕されるのを怖れ被害者の遺体を隠蔽することも，あながち不合理であるとは言い切れないと思われます。なお，この場合，死体遺棄罪（刑法第190条）の事件性は認められますが，この授業では殺人罪についての事件性のみを考えます。

参照条文

刑法190条　死体，遺骨，遺髪又は棺に納めてある物を損壊し，
　　遺棄し，又は領得した者は，３年以下の懲役に処する。

　ほかにも，例えば，被害者に拳銃を渡してみせびらかしていたら，被害者が誤って発射してしまい，その結果被害者が死亡してしまったという事故死の場合も，同じく自身が罪に問われるのを怖れ遺体を隠蔽することが直ちに不合理であるとはいえません。

　そして，刑事裁判では，被告人が「被害者が自分の拳銃を使って自殺した」とか「被害者が誤って拳銃を発射して被害者を死なせてしまった」などと主張していないからといって，直ちにこれらの可能性を排斥することはできません。検察官に立証責任がある以上，被告人が一貫して「何も知らない」と述べていたとしても，事件性，つまり，被害者が自殺や事故死ではなかったことを，検察官が証拠によって証明する必要があるのです。

(2) 事実認定上の問題点

　実際の事件の判決文では，裁判所は，ⓐ拳銃の弾道から被害者が自殺したとするには体勢が相当不自然であること，ⓑ自殺による遺体を何者かが土中に埋める理由は通常見出し難いこと，ⓒ頭部の損傷状況等は暴発事故によるものとしても不自然であることを理由として挙げ，これらを合わせ考えると，被害者は他殺により死亡したと認められると認定しています。

　しかし，上記の裁判所の事実認定は，その結論はさておき，その根拠となった事実の適示がやや不十分であるように思われます。

　まず，ⓐについてですが，裁判所は，弾丸が被害者の右側頭後方から左側頭部前方に向かって貫通していたことから，自殺したとするには「体勢が相当不自然」であると認定していますが，本当にそういえるでしょうか。仮に，被害者がまっすぐ前を向いた

状態で拳銃を発射したとすれば，拳銃を持った手を右肩より後ろに回して発射したことになり，裁判所の言うとおり被害者の体勢は相当不自然といえますが，被害者が首をひねって頭部のみ左側を向いた状態で拳銃を発射したとすればどうでしょうか。自殺をするときに恐怖を感じることは理解できることですから，目線を拳銃と反対方向に向ける，つまり，首をひねって頭部のみ左側を向くことが不自然だとはいえませんし，その場合，まっすぐ前を向いた状態でこめかみに拳銃を当てるのとまったく同じ腕の位置で，遺体の頭部に残された弾道の向きが実現することになります。

　また，ⓑについては，被害者が自身の所有する拳銃で自殺した場合は裁判所の言うとおりですが，先ほど述べたように，被害者が何者かの所有する拳銃で自殺した場合，その何者かが拳銃の不法所持が発覚するのをおそれ，被害者の遺体を土中に埋めて事件そのものを隠蔽することは十分に考えられるように思われます。

　このように，少なくとも裁判所の判示ⓐⓑのみからは，被害者が自殺した合理的な疑いを排斥することは困難であるといえます。

　ここからは想像ですが，裁判所（裁判官および裁判員）は，実際には事件性の認定根拠として挙げた上記ⓐⓑⓒの事実以外の事実（被害者は被害者宅で食事をとってから2時間以内に死亡したと考えられること，被害者の死亡と前後して被告人が庭に穴を掘って埋めていたこと，その他公判廷における被告人の供述や態度など）も考慮して被告人が被害者を殺害したという心証を形成したものの，判決文には，事件性の根拠として上記ⓐⓑⓒの事実のみを記載したものだと考えられます。

2．事件性の認定における死因究明の役割

　上記のように，本判決における事件性の認定に関する説明には，やや強引なところがあるという印象を受けます。

　そして，その背景には，捜査段階で事件性について十分に捜査が尽くされなかったため，事件性を認定するための証拠がもっぱら解剖医の証言になってしまったという事情があると考えられます。捜査機関は，本件のようなケースでも，事件性は明らかであると決めつけず，あらゆる「合理的な疑い」を考慮しつつ捜査を尽くす必要性があるといえるでしょう（本件では，被害者の殺害場所は特定されておらず，また，弾丸も発見されていません）。

　また，死因究明のあり方としては，直接の死因（本件では，頭部銃創による頭蓋内損傷）や死因と直接関係する事実（本件では，弾道の角度等）だけでなく，事件当時の状況についても，遺体に残された痕跡からできる限り明らかにしておくことが重要だといえます。例えば，本件では，弾丸は「被害者頭部の約2メートル以内」から発射されたと認定されていますが，仮に，被害者の頭部皮膚内に残された未燃火薬の粒子の量などから弾丸が「1メートル以上2メートル以内」から発射されたと特定できていれば，自殺を否定する決め手となった可能性があります。

　このように，間接事実による事実認定にあたっては，可能な限り詳細に間接事実を認定することが求められ，そのための間接証拠を丹念に収集することが肝要です。死因究明にあたっても，被害者の遺体に残された事件の痕跡をできる限り丁寧に記録し，分析しておくことが重要となります。

本章のポイント

● 刑事裁判における事実認定とは，裁判所が証拠から事実を認定することをいう。

● 事実認定には，直接証拠による認定と，間接事実を積み上げて総合判断することによる認定の2つの方法がある。

● 事件性の有無は，直接の死因や死に至る経緯を明らかにすることで適正な判断が可能となる。

● 死因究明にあたっては，被害者の直接の死因や死因と直接関係する事実だけでなく，事件当時の状況についても，遺体に残された痕跡等からできる限り明らかにしておくことが重要である。

〔**主な参考文献**〕

• 石井一正『刑事事実認定入門〔第3版〕』（判例タイムズ社，2015年）

• 植村立郎『実践的刑事事実認定と情況証拠〔第4版〕』（立花書房，2020年）

• 植村立郎編『刑事事実認定重要判決50選〔第3版〕（上)(下)』（立花書房，2020年）

第 9 章

刑事事実認定と死因究明②
― 殺 意 ―

Ⅰ　はじめに

1．本章の目標

　本章では，前章に引き続き，刑事事件における事実認定と死因究明との関係について解説します。

　本章では，殺人罪の構成要件要素のうち，事実認定にあたって特に死因究明が重要な役割を果たす「殺意」に関する事実認定と死因究明との関係について説明します。

　本章の主な目標は，以下の 3 つです。

本章の目標

① 殺意についての事実認定の方法を知る。

② 殺意の事実認定に重要な間接事実について知る。

③ 上記の間接事実を認定するために死因究明が果たす役割について知る。

2．殺意とは何か？

　本章では，殺人罪（刑法199条）の構成要件要素のうち殺意についての事実認定について説明します。

　まず，ここでいう**殺意**の意味（☞p.41）について，あらためて確認しましょう。殺意とは，「あいつを殺してやる」という積極的な殺害の意図を有している場合だけでなく，**人の死という結果を認識・認容**していれば認められます。さらに，この認識・認容は，確定なものでなくてもよく，「ひょっとすると被害者が死ぬかもしれないが，それでもいいか」というような不確実な認識と消極的な認容にとどまる場合であっても認められます。

　そのため，被告人がいくら「被害者を殺すつもりはなかった。」と主張しても，「では，被害者は絶対に死なないと思っていたのか？」と問われて，「殺すつもりはなかったが，死なないとも思っていなかった」などと答えると，少なくとも未必の殺意が認められることになります（もちろん裏付けとなる証拠も必要です）。

Column　「殺意」と裁判員

　本文のとおり，殺人罪の構成要件要素である「殺意」は法曹関係者以外にとっては難解な概念であり，かつ，学説が様々な見解に分かれているため（☞p.42*Column*），一般人である裁判員にとっては理解することが難しいといえます。

　そこで，裁判員裁判では，学説には立ち入らず，「殺意」を**「人が死ぬ危険性が高い行為をそのような行為であるとわかって行った」**場合に認められる，などと説明しています。

II　殺意の認定と死因究明

1．殺意の認定方法

　前章において，事実認定には，ⓐ**直接証拠**によって行う事実認定と，ⓑ**間接事実**を積み上げて総合判断することによって行う事実認定の2つの方法があることを説明しました（⇨p.117）。

　ところで，殺人罪の構成要件である殺意は，被告人の内心のことがらであるため，被告人自身の供述以外に直接証拠はありません。そのため，被告人が否認している事件の場合，間接事実を積み上げて総合判断することによって行う事実認定の方法しかないことになります。

　殺意に関する代表的な間接事実は，①**凶器の種類・形状**，②**創傷の部位・程度**，③**犯行の態様**，④**犯行の経緯・動機**，⑤**犯行前後の被告人の言動**です。ただし，間接事実による事実認定は，最終的に総合判断によって行うことに留意が必要です。

　このうち，死因究明との関係では，①凶器の種類・形状，②創傷の部位・程度，③犯行の態様が特に重要です。なお，殺意については殺人罪の場合だけでなく殺人未遂罪（刑法203条・199条）の場合にも問題になりますが，本章では，死因究明が重要となる被害者が死亡したケースを想定した上で，殺意以外の殺人罪の構成要件要素である実行行為や因果関係が証拠によって認められることを前提に，上記の代表的な殺意の間接事実について，順番に説明することにします。

2．凶器の種類・形状

　犯行に用いられた**凶器の種類や形状**は，被告人の殺意を認定するにあたり，非常に重要な間接事実です。以下，凶器が拳銃のケースと，凶器が刃物であるケースについて説明します。

(1) 凶器が拳銃のケース

　被告人が被害者を狙って故意に拳銃を発射したケースでは，拳銃で人を撃つという行為は，それ自体が非常に危険な行為であることから，通常はその事実だけで，強い確信的殺意に基づいて実行行為が行われたということができます。

　したがって，凶器が拳銃である場合，被告人が慎重に危険性の低い部位を狙って被害者に向かって拳銃を発射し，かつ，被告人には十分な技量が備わっていたが，たまたま運悪く被害者の身体の枢要部に弾丸が命中し，被害者が死亡したということがうかがわれる特段の事情がない限り，確定的な殺意が認められやすいといえます。

(2) 凶器が刃物の場合

　拳銃と異なり，凶器が刃物であるケースでは，当該刃物の種類や形状によって，行為の危険性は大きく異なります。

　例えば，凶器が日本刀のように長く鋭利なもので，かつ，その性質が本来的に人を殺傷するための武器であるものの場合，被害者の急所を狙うことなく振り回しただけであっても，人が死ぬ危険性が高い行為であるといえるため，通常は殺意が認められそう

です。また，拳銃にもいえることですが，日本刀のような日常生活で使用することがあり得ない凶器を犯行に用いた場合，通常は計画的な犯行であると考えられることから，この点からも，確定的な殺意が認定できることが多いといえます。

　これに対し，凶器が出刃包丁である場合，殺傷能力はある程度高いといえますが，日常的に使用されるものでもあるため，「被害者を刺すつもりはなかったが，とっさに手に取り被害者を刺してしまった」ということも，直ちに不合理な弁解であるとはいえません。このような場合，後で述べる創傷の部位・程度や犯行の態様，犯行の経緯等によっては，未必の殺意が認められるにとどまることや，事案によっては殺意が認められず傷害致死罪が成立するにとどまることもあり得ます。

　さらに，凶器が小鋏のように刃渡りが短い刃物である場合は，被害者の急所を目がけて何度も力を込めて突き刺すような態様でなければ，未必の殺意すら認められないこともあり得ます。

　このように，凶器が刃物であるケースでは，凶器の種類だけで殺意の有無を判断できることは少なく，その形状や他の間接事実を勘案して，行為の危険性の高低（大小）を検討し，殺意の有無を判断することになります（毒殺や撲殺など他の凶器が用いられた場合についても同様です）。

　なお，司法解剖等の結果から凶器の種類や形状がある程度特定され，それを基に捜査が行われて凶器が発見されることもよくあります。このことは，死因究明が果たす役割が，単に直接の死因のみを明らかにするだけではないことの一例といえます。

3．創傷の部位・程度

　犯人の行為によって被害者が死亡した場合，その実行行為は，客観的にみて人を死に至らしめる危険な行為であることが多いといえます。しかし，**創傷の部位や程度**によっては，被告人が自らの行為の危険性を認識しておらず，殺意の前提となる危険性の認識に欠け，殺意が認定されないこともあり得ます。

　そこで，殺意の認定にあたっては，創傷の部位や程度も，重要な間接事実となります。

(1) 創傷の部位

　例えば，被告人が被害者の首や心臓を刃物で刺した場合，被害者が死ぬ危険性があることは子どもでもわかるため（実際にこのような判示をした裁判例が存在します），被告人が被害者の首や心臓を狙って刃物で刺したのであれば，被告人には，少なくとも未必の殺意があったと認められることが多いと思われます。

　これに対し，大腿部のように，刃物で刺した場合の危険性が，首や心臓ほど一般的に知られていない部位を刃物で刺したようなケースでは，その行為によって被害者が死亡したからといって，直ちに殺意を認定することができるとは限りません。

　また，上記のような人体の急所を刃物で刺した場合であっても，被告人は危険性の低い他の部位を狙ったにもかかわらず，被害者が動いたために急所に刺さってしまったようなときは，殺意が認定されないことがあり得ます。

(2) 創傷の程度

　創傷の程度とは，傷の深さや数のことを意味し，これらは，一般的に加えられた攻撃の強さや回数を示すものといえます。

　例えば，被害者の刺し傷が非常に深い場合，特別な事情のない限り，被告人が力を込めて被害者を刃物で突き刺したと考えられるため，確定的故意が認められることが多いといえます。

　次に，被害者の創傷が複数である場合，1カ所のみの場合と比べ，行為の危険性や被告人の加害意思の程度が高いといえ，殺意が認められやすいといえます。特に，傷が数十カ所にも及ぶような場合，創傷の部位が身体の枢要部であるときはもちろん，仮に身体の枢要部でなくとも，殺意が認められる可能性があります。

　このように，創傷の程度も殺意の判断にあたり重要な間接事実ですが，創傷の程度，特に傷の深さについては，外見からは明らかでないことも多いことから，司法解剖等によってどの程度の創傷であるのかを正確に確認し，記録しておく必要があります。

4．犯行の態様

　次に，**犯行の態様**について説明します。広い意味の犯行態様には，凶器の種類・形状や創傷の部位・程度も含まれますが，ここでは，これらを含まない犯行態様について述べます。

(1) 凶器の選択・用法

　凶器を選択した理由や凶器の用法が，殺意の有無の判断に影響を及ぼすことがあります。

　例えば，料理中に口論になり，とっさに出刃包丁を手にとって被害者を刺して死なせてしまったような場合，少なくとも計画性はなさそうですし，スリコギだと思って手に取って被害者に向かって突き出したら包丁だったということだって，絶対にあり得ないとはいえません。このような場合，凶器が危険なものであっても，殺意が認定されないことがあり得ます。これとは逆に，出刃包丁よりも手に取りやすい場所に刃渡りの小さな果物ナイフがあったにもかかわらず，あえて刃渡りの大きい出刃包丁を意図的に選択したような場合，殺意は認められやすいといえます。

　次に，凶器の用法が通常の用法と異なる場合，それを理由に殺意が肯定されることもあり得ます。

　例えば，包丁の刃を水平に向けて手に持ち，心臓を突き刺した場合，通常はそのような持ち方をしないことから，肋骨の隙間から心臓を刺すことを意図して，被害者を突き刺した可能性があります。また，刃を上に向けて被害者の腹部を刺し，その後に上方に向かって刃物全体を強く引き上げるような行為も，強固な確定的殺意に基づくものと判断される可能性があります。

　このように，殺意の有無の判断にあたっては，広義の死因究明により，凶器の選択や用法についても解明する必要があります。

(2) 犯行時の被害者の行動

　犯行時の被害者の行動も，殺意の有無の判断に影響を与えることがあります。

　例えば，凶器に殺傷能力の高い刃物が用いられ，かつ，被害者の創傷の部位・程度が非常に危険なものであっても，実は被告人に

は殺意はなく，脅すつもりで被害者に刃物を向けたところ，被害者が被告人に向かって突進してきたために刃物が被害者に刺さってしまったというケースも，あり得ないとはいえません。

　実際の殺人事件の刑事裁判で被告人がこのような主張をし，殺意に加えて実行行為や因果関係が争点となった事案もあります。ちなみにその事案では，被害者の遺体を司法解剖した医師の証言により，刃物が刺さった角度や深さなどから被告人の主張するような状況は起こり得ないと認定され，殺人罪の成立が認められ被告人に有罪判決が言い渡されました。

５．犯行の経緯・動機，犯行前後の被告人の言動

　上記で述べた凶器の種類・形状や，創傷の部位・程度，犯行の態様と比べ，**犯行の経緯・動機**や**犯行前後の被告人の言動**は，死因究明によって明らかになることは少ないといえます。

　しかしながら，これらも殺意の認定に関する重要な間接事実であり，かつ，司法解剖等によって，突発的な犯行か計画的な犯行か，強い恨みに基づく犯行か否か，犯行後に被告人が治療行為を行ったか否かなどの事実が判明することもあります。

　繰り返しになりますが，死因究明とは，被害者の直接の死因を特定することのみを意味するものではなく，犯行に至る経緯や犯行時の被告人および被害者の行動，犯行後の被告人の行動などを解明することも，広義の死因究明に含まれます。死因究明にあたっては，一見事件とは関係がなさそうな事実についても記録をとり，争点となった際に対処できるよう備えておくことが重要です。

本章のポイント

● 殺意は被告人の内心に関することがらであるため，被告人
　が否認している場合，その認定は間接事実を積み上げて総
　合判断することによって行うしかない。

● 殺意に関する代表的な間接事実として，①凶器の種類・形
　状，②創傷の部位・程度，③犯行の態様，④犯行の経緯・動
　機，⑤犯行前後の被告人の言動があり，これらの事実を総
　合考慮して殺意の有無を判断する。

● 上記の間接事実の中には，解剖等によって明らかになるも
　のも多く，殺意の認定にあたって死因究明が果たす役割は
　大きい。

〔主な参考文献〕
- 石井一正『刑事事実認定入門〔第3版〕』（判例タイムズ社，2015年）
- 植村立郎『実践的刑事事実認定と情況証拠〔第4版〕』（立花書房，2020年）
- 植村立郎編『刑事事実認定重要判決50選〔第3版〕（上)(下)』（立花書房，2020年）
- 司法研修所編『難解な法律概念と裁判員裁判』（法曹会，2009年)11頁)）

第10章

刑事手続と死因究明①

― 鑑定 ―

I　はじめに

1．本章の目標

　本章では，刑事手続における鑑定の役割や鑑定書のポイントについて説明します。

　刑事手続における鑑定には，捜査段階で実施される鑑定と公判段階で実施される鑑定がありますが，本章では後者を中心に説明します。なお，民事事件においても鑑定が実施される場合がありますが，そちらについては15章で取り上げます。

　本章の主な目標は，以下の３つです。

本章の目標

① 刑事手続における鑑定の種類と役割を知る。

② 鑑定書作成の際のポイントを知る。

③ 裁判員裁判における鑑定の取り扱いについて知る。

第3部　実践編

2．鑑定とは何か？

　鑑定とは，高度の専門知識や経験を有する者（学識経験者）に，その知識や経験に基づいて特定の事項について判断をしてもらうことを意味し，事件を処理するのに必要な専門知識や経験の不足を補充する目的で行われます。

　刑事事件においては，被害者の死因の特定を目的とした鑑定（死因鑑定）や犯行当時の犯人の精神状態や責任能力の有無・程度についての鑑定（精神鑑定（⤳*Column*））のほか，血液型やＤＮＡ型の鑑定，指紋や足痕の鑑定，薬物の成分や血中アルコール濃度，尿中の覚せい剤等の違法薬物の有無などの鑑定があり，そのほかにも，ドライブレコーダーの映像から事故時の自動車の速度を算出したり，遺体の損傷状況や車両の損壊状況等から事故の態様を推測したりと，多種多様な鑑定が行われています。

　そして，上記の事項については，専門家の判断を参考にしない限り，裁判所が適正な事実認定や評価をして最終的な判断を下すことはできません。後述するように，重大な刑事事件においても，鑑定の結果によって有罪無罪の判断が分かれた事案があります。

Column 精神鑑定

　精神鑑定は，主に被告人の責任能力の認定（⤳p.33*Column*）のために行われる鑑定であり，刑事事件において，死因鑑定とならび非常に重要な役割を担っています。精神鑑定には，簡単な検査や問診のみを行う簡易鑑定と，数か月にわたり病院等に留置して詳細に検査を行う本鑑定があります。

II　刑事手続における鑑定の役割

1．刑事手続における鑑定の種類

　刑事手続における**鑑定**には，ⓐ裁判所の命令により実施される証拠調べとしての鑑定（刑事訴訟法165条），ⓑ検察官や司法警察員等の捜査機関の嘱託により実施される鑑定（**嘱託鑑定**。同法223条１項），ⓒ被疑者や被告人またはその弁護人の依頼により実施される鑑定の３つがあります。ⓒについては，刑事訴訟法の規定に基づいて実施されるものではないことから**私的鑑定**と呼ばれます。

参照条文

刑事訴訟法165条　裁判所は，学識経験のある者に鑑定を命ずることができる。

同法223条１項　検察官，検察事務官又は司法警察職員は，犯罪の捜査をするについて必要があるときは，被疑者以外の者の出頭を求め，これを取り調べ，又はこれに鑑定，通訳若しくは翻訳を嘱託することができる。

　なお，鑑定を行う者，つまり，特別の事項について専門知識や経験に基づいて判断する者のことを**鑑定人**といいますが，上記ⓑの捜査機関の嘱託により実施される鑑定（嘱託鑑定）の場合，捜査機関から鑑定を嘱託される者という意味で「鑑定受託者」と呼ぶのが一般的です。

　以下，これらの鑑定の相違点について，裁判所が命令する鑑定を中心に具体的に説明します。

2．裁判所の命ずる鑑定

(1) 証拠調べとしての鑑定

　裁判所の命令により実施される鑑定は，刑事事件が公判段階に入った後，証拠調べ手続（☞p.55）の中で行われます。弁護人が鑑定請求して裁判所が実施を決定するケースが典型的ですが，検察官の請求により決定されるケースや，裁判所が職権で決定するケースもあります（刑事訴訟法298条参照）。

参照条文

刑事訴訟法298条 1 項　検察官，被告人又は弁護人は，証拠調を請求することができる。
　 2 項　裁判所は，必要と認めるときは，職権で証拠調をすることができる。

　公判段階において証拠調べの一環として実施される鑑定には，例えば，捜査段階において実際された鑑定の結果について，公正性を担保する観点から異なる鑑定人が再鑑定を行うケースや，以前に実施された鑑定から長期間が経過した再審請求手続（刑事訴訟法435条以下）において，最新の知見に基づいてあらためて鑑定を行うケースがあります（☞p.143*Column*）。

　もっとも，裁判所の命令により公判段階で証拠調べとして行われる鑑定のうち，実務上，一番多く行われているのは，被告人の犯行当時の精神状態を判断する精神鑑定です。被告人の責任能力が争点となる事例では，公判段階において鑑定が数回にわたって実施されることもあります。

Column 足利事件と再鑑定

　足利事件は，1990年に栃木県足利市で4歳の女児が殺害されて遺棄された事件です。捜査段階において科捜研が嘱託鑑定を実施したところ，被害者の着衣に付着していた犯人のものと思われる体液のDNA型や血液型と，同市内の男性のDNA型や血液型が一致するという結果が得られたことなどから，男性が逮捕起訴され，裁判の結果，わいせつ誘拐，殺人，死体遺棄の罪で無期懲役が言い渡されて確定しました。

　しかしその後，服役中の男性が申し立てた再審請求抗告審において，裁判所が弁護人の申立てに基づき再鑑定の実施を決定し，最新の知見に基づき再鑑定が実施された結果，被害者の着衣に付着していた体液のDNA型と男性のDNA型が一致しないことが判明したため，再審開始が決定され，その後の再審において，被告人に無罪が言い渡されて確定しました。

　この事件において，再審請求抗告審決定（東京高決平成21年6月23日判時2057号168頁）は，再鑑定の実施を決定した理由につき，「本件の証拠構造における本件DNA型鑑定の重要性及びDNA型鑑定に関する著しい理論と技術の進展の状況等にかんがみ」再鑑定を行う旨を決定したと述べています。なお，再審判決（宇都宮地判平成22年3月26日判時2057号168頁）は，1991年に実施されたDNA型鑑定について，具体的な実施の方法が技術を習得した者により科学的に信頼される方法で行われたと認めるには疑いが残ると判示して，その鑑定結果が記載された鑑定書の証拠能力を否定しています。

(2) 鑑定の実施までの流れ

　裁判所の命ずる鑑定については，まず，鑑定すべき事項を決定した上で，裁判所が，当事者の意見を参考にしつつ，鑑定すべき事項について学識経験を有する者の中から適正と考えられる者に事実上の打診をし，承諾を得てから鑑定人に決定します。被害者の死因や被告人の精神状態に関する鑑定の場合，専門家である法医学者や精神科医の名簿（鑑定人名簿）が整備されていますが，特殊な事項について鑑定が実施される場合，当該事項について高度の専門知識や経験を有する者を探すのが難しいこともあります。

　鑑定人が選任されると，裁判所は鑑定人を召喚し，**鑑定人尋問**を行います。鑑定人の勤務先等を召喚場所に指定してその場で鑑定人尋問が行われることもあります。また，鑑定人は，自らの体験した事実を述べる証人と異なり代替性があることから，証人のように召喚に応じない場合の勾引（刑事訴訟法152条）をすることはできません（同法171条）。このような場合，鑑定人の決定を取り消し，別の者を鑑定人として決定します。

　鑑定人尋問では，まず，鑑定人が「**良心に従って誠実に鑑定をすることを誓います。**」などと書かれた宣誓書に署名することにより**宣誓**を行い（同法166条，刑事訴訟規則128条），その後，裁判所が，鑑定人の経歴や鑑定経験等を尋問して鑑定人として適正な能力を有していることを確認した上で，鑑定を命じます。この鑑定人尋問は，鑑定結果についての証人尋問とは異なるものですので，注意が必要です。なお，鑑定人の選定に不服のある当事者は異議の申立てができますが，裁判所は，当事者の意見に拘束されることなく，自らの判断で適正と考えられる鑑定人を決定します。

(3) 鑑定の実施

　鑑定は，公判廷で行われることもありますが，裁判所外で実施することもでき（刑事訴訟規則130条 1 項），この場合，裁判所は，鑑定に必要な資料等を鑑定人に交付することができます（同条 2 項）。実際には，ほとんどの鑑定が裁判所外で実施されています。

　また，鑑定人は，鑑定について必要がある場合，裁判所の許可を受けて，人の住居や建造物等に入ったり，身体を検査したり，死体を解剖したりといった必要な処分を行うことができます（刑事訴訟法168条 1 項）。鑑定人がそのような処分をするにあたり，裁判所が発する許可状のことを**鑑定処分許可状**と呼びます。

　鑑定を終えたら，鑑定人は，鑑定の結果と経過を裁判所に鑑定書または口頭により報告します（同規則129条 1 項）。**鑑定の結果**とは，鑑定事項についての鑑定人の最終的な判断をいい，**鑑定の経過**とは，そのような判断に至った理由のことをいいます。口頭により報告される場合は，鑑定人尋問を再開する形で行われますが，多くのケースでは，鑑定書を提出することで報告します。この鑑定書については，後で詳しく説明します。

３．捜査機関の嘱託による鑑定

　実際の刑事事件において実施される鑑定の大部分は，捜査機関の嘱託による鑑定（嘱託鑑定）です（刑事訴訟法223条 1 項）。そして，ほとんどのケースでは捜査段階において警察や検察など捜査機関からの嘱託によって実施され，その結果が鑑定書という形で公判廷において証拠として取り調べられます。

　嘱託鑑定については，裁判所の命ずる鑑定のように，宣誓や鑑定人尋問をすることは予定されていませんが，高度の専門知識や経験に基づいて実施されることから，裁判所の命ずる鑑定の規定が多く準用されています。例えば，鑑定受託者は，鑑定を行うために必要な処分を裁判官の許可を受けて行うことができ（刑事訴訟法225条・168条1項），また，鑑定留置も認められています（同法224条・167条1項）。

4．弁護人等の依頼による鑑定

　近年では，刑事手続において，弁護人が私的鑑定として学識経験者に特定の事項についての意見書等の作成を依頼するケースも増えています。例えば，刑事裁判において，被告人の犯行時の精神状態や治療による再犯防止可能性について精神科の医師に意見書の作成を依頼し，証拠として提出することがこれにあたります。

　筆者が扱った事案でも，執行猶予中に万引きをして起訴された被告人について，窃盗症（クレプトマニア）と診断した上で，治療による再犯防止の可能性が認められるとする内容の医師の意見書を提出したところ，裁判所が，再度の執行猶予を付した上で，社会内での改善更生を促したケースがありました。

　このような私的鑑定については，刑事訴訟法に特段の規定はありません。そのため，裁判所の命ずる鑑定や捜査機関の嘱託による鑑定のように，裁判官の許可を得て強制的な処分を行うことはできず，鑑定を受ける者の承諾を得て実施する必要がありますが，刑事事件において重要な役割を果たすことがあります。

Ⅲ　鑑定書のポイント

1．鑑定書の記載事項

　鑑定の結果および経過については，鑑定書が作成されて裁判所に提出され，証拠調べが行われるのが一般的です。鑑定書については，その様式や内容について法律上の決まりはありませんが，一般的には，冒頭に「鑑定書」と題名を入れ，①鑑定事項等について記載した上で，②鑑定に際して実施した検査の結果などの客観的記録，③鑑定の経過（理由），④鑑定の結果（結論）について記載するのが通例です。そして，最後に鑑定の時期や鑑定書作成の年月日，鑑定人の肩書や氏名を記載した上で，鑑定人が署名押印し，完成します。なお，検査の際に撮影した写真や図面を添付することも多くあります。

　以下，死亡解剖を行った嘱託鑑定（死因鑑定）のケースを題材に，詳細に説明します。死体についての生々しい説明が含まれますので，苦手な人は読み飛ばしてください。

(1) 鑑定事項等

　まず，誰からの依頼で，どういった事件について鑑定を実施したかを簡潔に記載します。嘱託解剖の場合，捜査機関からの嘱託であることや被疑事件名（「殺人被疑事件」など）を記載し，裁判所から命ぜられた鑑定の場合や弁護人から依頼された私的鑑定の場合は，その旨を記載します。また，鑑定処分許可状の発付を受けて解剖を実施した場合は，そのことも明記します。

　次に，**鑑定資料**を記載します。鑑定資料は，対象となった人の住所や氏名，生年月日，性別を記載しますが，死後長期間が経過し白骨化した死体の場合などは，住所や氏名，生年月日はもちろん，性別すら不明ということも少なくありません。その場合，発見場所や写真など別の形で特定します。

　そして，**鑑定事項**を記載します。例えば，凶器を用いた殺人が疑われる事件の場合，ⓐ創傷の部位，形状，程度，ⓑ成傷器の種類およびその使用方法，ⓒ死因，ⓓその他参考事項などが鑑定事項として考えられます。

　なお，解剖を行った日時や場所，立会人，補助を行った職員（助手）等についても記載します。

(2) 解剖記録等

　解剖記録等には，解剖を行った死体の客観的な状況を記録します。ここには，**外部所見**，**内部所見**，**損傷**，**諸検査**の4つにわけて記載するのが一般的であり，これらの項目の下，個々の部位について詳細に記録します。事案によっては，創傷が多数にわたることもありますが，そのようなケースでも，一つ一つの創傷の部位や形状，程度等を丁寧に記録します。また，通常は，解剖時に撮影した写真や事後的に作成した図面などが添付されます。

　解剖記録には，客観的に認められる観察結果をもれなく記載する必要があります。刑事事件において最終的な事実認定をするのは裁判官ですが，公判段階であらためて死体を解剖することは不可能ですから，公判において裁判官が適正に事実認定できるよう，解剖時の客観的な状況をもれなく記載することが重要です。

(3) 鑑定の経過（理由）

　ここでは，鑑定事項についての鑑定人の判断の過程やその根拠，意見，その他参考事項を記載します。鑑定にあたり捜査機関等から死体の発見日時や発見状況等の情報を得ていた場合，その内容や情報の提供を受けた時期についても記載することが必要です。

　判断の過程には，各鑑定事項について，鑑定人が解剖記録等を踏まえて，どのような事実を前提にどのような推察を行い，結論に至ったのかについて，その過程を丁寧に説明します。ここでも，鑑定人として気になった点や参考になると思われる点があれば，「その他参考事項」として記録しておくことが重要です。

　なお，鑑定書を読むことになる裁判官や検察官，弁護人は，医学の専門家ではありませんし，裁判員の場合，鑑定書というものを目にすること自体が初めてという人がほとんどです。そのため，結論に至った理由については，できる限り平易な表現で説明するとともに，難解な専門用語や概念については，その説明を付記することが望ましいでしょう。

(4) 鑑定の結果（結論）

　最後に，鑑定事項について鑑定人が判断した結果を記載します。

　鑑定の結果は，最終的に，刑事裁判において医学の専門家でない裁判官や裁判員が判断を下すあたっての参考となるものです。そのため，医学の専門家でない者が読むことを前提に，一般人にとって，一義的に明らかで誤解が生じない表現で記載することが重要です（☞p.150 *Column*）。これにより，誤判を防ぐだけでなく，刑事裁判における無用な争いを避けることができます。

Column 鑑定書の記載が問題となるケース

　刑事裁判において，鑑定の記載が問題となるケースとして，「Ａの可能性は否定できないが，Ｂと考えても矛盾しないと推測される。」という表現があります。この記載からは，鑑定人がＡの可能性とＢの可能性をそれぞれどの程度と判断したのかが一義的にわからないため，Ａであることの合理的な疑い（☞p.65）が排斥できないからです。

　ところが，鑑定人尋問や証人尋問で鑑定人に確認すると，「Ａの可能性はほとんどないと判断したが，ゼロではないためそのように記載した。『Ｂと考えても矛盾しない』というのは，Ｂと考えた方が自然であり，その可能性が高いという意味である。」という回答が返ってきて，「それならそう書いてください。」と突っ込みを入れたくなることがあります。

　もちろん，事前に鑑定人に対し鑑定書の意義について丁寧に説明しておけば，このようなケースを防ぐことは可能であり，裁判所や鑑定を嘱託する捜査機関の責任も大きいといえます。司法の現場と法医学の現場の相互理解が重要です。

2．鑑定書の証拠能力

　刑事裁判においては，伝聞法則（☞第4章Ⅱ1）により，公判廷外で作成された書面は，原則として証拠とすることができません。しかし，鑑定書については，専門家が高度の専門知識や経験をもとに作成した書面であって内容の信用性が高いことなどから，鑑定書の取調べに同意がされなかったとしても，鑑定人が公判廷に

おいて鑑定の経過と結果を正確に鑑定書に記載したこと（作成の真正性）を証言すれば，証拠能力が認められます（刑事訴訟法321条4項）。なお，鑑定受託者の作成した鑑定書についても，最高裁判例により刑事訴訟法321条4項の準用が認められています。

最判昭和28年10月15日刑集7巻10号1934頁

「捜査機関の嘱託に基く鑑定書（刑訴223条）には，裁判所が命じた鑑定人の作成した書面に関する刑訴321条4項を準用すべきものである。」

　ただし，公判廷において鑑定人や鑑定受託者が作成の真正性について証言する際には，実務上，内容の真実性についての尋問も行われるのが通例であることから，刑事事件において鑑定を嘱託する捜査機関は，鑑定受託者に対し，あらかじめ刑事裁判の場に証人として呼ばれる可能性があることを説明して了承を得ておく必要があります。

Ⅳ　裁判員裁判における鑑定の取り扱い

1．鑑定の実施時期

　裁判所の命ずる鑑定，特に鑑定留置を伴う精神鑑定については，その実施に長期間を要し，審理が長期化することがかねてから指摘されており，2009年に裁判員裁判制度が導入された際，このことが問題となりました。

第3部　実践編

　裁判員裁判は，一般人から選ばれた裁判員が裁判官とともに刑事裁判の審理を行うことから，裁判員の負担をできる限り軽減するため，裁判員裁判対象事件については，公判前整理手続（⇨p.54）を行うことにより争点を明確にした上で，連日にわたり集中的に審理を行うことになりました。しかしながら，公判段階で鑑定を行う場合，場合によっては集中審理が不可能となり，裁判員の負担が大きくなることが懸念されたのです。

　そこで，裁判員裁判対象事件については，公判前整理手続の段階で鑑定を実施できることとし，鑑定の経過および結果についてのみ公判廷で報告することとなりました（裁判員法50条）。これにより，例えば精神鑑定の場合，鑑定人は，公判前整理手続の段階で，事件記録を検討するとともに各種の検査や被告人の問診等を実施して鑑定書を作成し，公判開始後，公判廷において鑑定の経過と結果を報告するという方法がとられています。

参照条文

裁判員の参加する刑事裁判に関する法律50条1項　裁判所は，……公判前整理手続において鑑定を行うことを決定した場合において，当該鑑定の結果の報告がなされるまでに相当の期間を要すると認めるときは，……公判前整理手続において鑑定の手続（鑑定の経過及び結果の報告を除く。）を行う旨の決定（以下この条において「鑑定手続実施決定」という。）をすることができる。
3項　鑑定手続実施決定があった場合には，公判前整理手続において，鑑定の手続のうち，鑑定の経過及び結果の報告以外のものを行うことができる。

2．鑑定の経過・結果の顕出

　最後に，死因究明に深く関わる問題として，裁判員裁判における鑑定の経過や結果の顕出の問題について触れます。

　2009年に裁判員裁判制度が導入される前は，殺人事件などの人の死が深く関わる事件について，司法解剖の結果が記載された鑑定書や死体発見現場の実況見分調書（ 🖙 第7章Ⅲ2）等の証拠が，そのまま証拠調べ手続において取り調べられていました。

　しかし，これらの証拠には，死体の状況が撮影された生々しい写真が添付されていることが通例であり，特に，司法解剖の経過を撮影した写真は，一般人から選ばれた裁判員にとっては刺激が強すぎ，場合によっては精神的なダメージを受けることになるのではないかということが懸念されました。

　それでも，制度発足直後は比較的刺激の少ない写真が裁判員裁判の公判廷に顕出されていましたが，実際にPTSD等を訴える裁判員経験者も現れたことから，近年では，写真の代わりにイラストが用いられることが多くなり，死体の傷の状況などは，カラーにするとイラストでも生々しいという理由から白黒で描かれたり，場合によっては，人体図に番号を振り，傷の位置や形状等を全て文字や数字で表現したりすることも行われています。

　このような取扱いについては，刑事裁判における適正な判断という観点から疑問の余地があり，2019年2月には，検察のトップである検事総長から，遺体などの刺激の強い写真の証拠調べの必要性を裁判所が認めないことについて問題が指摘されています。

　読者の皆さんはどのように考えるでしょうか。

本章のポイント

● 鑑定とは，学識経験者がその知識や経験に基づいて事件に
　関する特定の事項について判断することをいう。

● 刑事訴訟法上の鑑定には，裁判所の命令により実施される
　鑑定（刑事訴訟法 165 条）と，捜査機関の嘱託により実施
　される鑑定（同法 223 条 1 項）がある。

● 鑑定書には，客観的に認められる観察結果をもれなく記載
　するとともに，鑑定の結果について，誤解が生じない表現
　で記載することが重要である。

● 裁判員裁判では，公判前整理手続において鑑定が実施さ
　れ，公判手続ではその経過と結果のみを報告するという方
　法が認められている。

〔主な参考文献〕
• 司法研修所監修『刑事第一審公判手続の概要 —参考記録に基
　づいて—〔平成21年度版〕』（法曹会，2009年）
• 池田修＝前田雅英『刑事訴訟法講義〔第6版〕』（東京大学出版
　会，2018年）
• 池谷博＝櫻田宏一『あたらしい検案・解剖マニュアル』（金芳
　堂，2018年）

第11章

刑事手続と死因究明②
－ 証人尋問 －

I　はじめに

1．本章の目標

　本章では，刑事裁判の証拠調べ手続の中で行われる証人尋問について説明をします。

　具体的には，捜査段階で捜査機関から嘱託を受けて鑑定を実施した医師が，公判段階で証人として尋問を受けるケースを想定し，どのような流れで証人尋問が行われるのかについて説明します。

　本章の主な目標は，以下の3つです。

本章の目標

① 刑事裁判における証人の役割を知る。

② 刑事裁判における証人尋問の流れを知る。

③ 証人尋問の際の証言のポイントを知る。

2．証人尋問とは何か？

　刑事裁判の証拠は，ⓐ書類の形で提出される**書証**と，ⓑ物として提出される**物証**，ⓒ人にその経験や知識を報告させる**人証**に大別されます。そして，人証のうち，被告人以外の者の供述を**証言**と呼び，それを証拠とするための手続が**証人尋問**です。

　また，証人尋問は，公訴事実を立証するための証人尋問と，被告人の情状を立証するための証人尋問に分けられます。なお，実際の刑事裁判における証人尋問のほとんどは後者であり，このような尋問をされる証人のことを情状証人といいます。

　公訴事実を立証するための証人尋問としては，例えば，犯行の目撃者の証人尋問が考えられます。このような場合，捜査段階において詳細な供述調書が作成されるのが通例ですが，被告人側が公訴事実を争うケースでは，検察官が目撃者の供述調書を証拠請求しても弁護人が証拠とすることに同意しないため，検察官は，公訴事実を立証するため，当該目撃者の証人尋問を請求します。

　これとは逆に，弁護人が公訴事実を否定するための証人尋問を請求することもあり得ます。例えば，被告人が公訴事実記載の日時に別の場所にいた，つまり，被告人にアリバイがあることを示すために，犯行時刻に別の場所で被告人を目撃した者について証人尋問を請求するケースが考えられます。

　なお，前章で説明したように，鑑定書についても，弁護人が証拠とすることに同意しない場合，これを証拠にするには，作成の真正性について鑑定人の尋問が必要になり，実務上は，その際に内容の真実性についても尋問が行われるのが通例です。

Ⅱ　証人尋問の流れ

1．証人尋問の請求・採用

　他の証拠調べと同様，証人尋問についても，検察官や弁護人等の請求により裁判所が実施を決定するケースが典型ですが，裁判所が職権で決定するケースもあります（刑事訴訟法298条参照）。

　裁判所は，原則として，何人でも証人として尋問することができますが（同法143条）が，公務員や国会議員については，一定の場合には証人として尋問することができません（同法144条，145条），なお，被告人にも証人尋問をすることはできませんが，代わりに，当事者として質問をすることはできます。

　ちなみに，証人とは，裁判所等に対して自己の直接経験した事実を供述する者をいい，このうち，特別の知識や経験によって知り得た事実について供述する者のことを鑑定証人といいます（同法174条）。例えば，医師が自らの診察した患者の病状について証言する場合がこれにあたります。また，証人は，自らが体験した事実から推測したことについても証言することができます（同法156条1項）。鑑定証人の場合，特別な知識や経験に基づく推測を証言することも許されます（同条2項）。

　証人になった場合であっても，自己や一定範囲の親族等が刑事訴追や有罪判決を受けるおそれがある場合は，証言を拒むことができます（同法146条，147条）。また，医師，弁護士などの一定の職業に就いている者または過去に就いていた者は，一定範囲の事実につき証言を拒むことができます（同法149条）。

2．証人尋問の実施

(1) 証人の出頭

　証人尋問は，召喚により出頭した証人または裁判所の構内にいる証人に対して行います（刑事訴訟規則113条2項）。後者を在廷証人といい，ほとんどの場合，証人尋問の請求をした当事者が証人を**同行**して在廷させ，証人尋問を行います。

　当事者が同行できない場合，裁判所は，証人を召喚します（刑事訴訟法143条の2）。**召喚**は，証人の氏名および住居，被告人の氏名および罪名，出頭年月日等が記載された召喚状を証人に送付して行い，召喚を受けた証人が正当な理由なく出頭しない場合，10万円以下の過料や（同法150条），1年以下の懲役または30万円以下の罰金に処せられることがあります（同法151条）。

　証人を強制的に**勾引**して出廷させることも認められています（同法152条）。従来は，召喚に応じなかった証人についてのみ勾引が認められていたため，証人が召喚に応じない意思を明確に示している場合であっても，いったん召喚の手続を行わなければ勾引することができませんでしたが，2016年の法改正により，証人が召喚に応じないときだけではなく，召喚に応じないおそれがあるときにも勾引できることになりました（同法152条）。

　勾引は，検察事務官または司法警察職員が証人の自宅等に赴き，勾引状を示して裁判所へ連行するのが一般的です。証人が逃亡を図ったり暴行をふるったり，または自殺のおそれが極めて強いなど「真にやむを得ない場合」には，手錠を使用することも認められています（犯罪捜査規範258条3項参照）。

(2) 証人尋問開始前

　証人が出頭すると，まず，証人出頭カードに証人の氏名や住所，生年月日，職業などを記載し署名押印します。これには，旅費日当を請求する放棄するかを選択する欄も設けられています。

　また，証人は，尋問前に宣誓書を朗読して宣誓し，宣誓書に署名押印をしなければなりませんが（刑事訴訟法154条，刑事訴訟規則117条，118条），実務上は，宣誓書への署名押印は開廷前に済ませるケースがほとんどです。

　書類の準備を終えると，証人は，証人尋問が始まるまで，法廷内の傍聴席で待機します。証人のプライバシーの侵害や被告人等が証人に不当な圧力をかけることを防止する必要があるときは，証人尋問が始まるまで別室で待機する場合もあります。

　そして，裁判官が入廷し，法廷の中心に置かれた証言台の正面，一段高いところに着席して，開廷を宣言します。検察官と弁護人は証言台の左右に向かい合って着席し，裁判官の手前の一段低いところに裁判所書記官が座ります。テレビドラマ等で刑事裁判のシーンを見かけるため，イメージが湧く人もいるかもしれません。

　証人尋問が始まると，証人は，裁判官から，証言台の前に立つように指示されます。まず初めに，裁判官から決定した証人で間違いないか**人定質問**がなされます（同規則115条）。氏名以外の事項については，証人のプライバシーに配慮し，「生年月日，住所，職業は証人出頭カードに記載した通りで間違いないですか」という質問の仕方がされるのが通例です。

　続いて，裁判官から，先ほどの宣誓書を手に持って朗読するように言われ，起立して，宣誓書に書かれた文言を朗読して**宣誓**し

ます（同規則118条）。朗読が終わったら，証人は，宣誓書を裁判所に提出します。宣誓後，尋問の開始前に，裁判官は，「ただいま証人に宣誓していただきました。宣誓の上での証言ですので，虚偽の証言をすると偽証罪で処罰されますから，注意してください。」などと述べ，**偽証の警告**を行います（同規則120条）。また，被告人と一定の関係にある者等については，供述拒否権についても説明がなされます。

　ちなみに，初めて証人として出廷する際は，ほとんどの人が緊張していますが，人定質問と宣誓で発声練習のつもりで大きく声を出すと，少し緊張がほぐれるようです。もし証人となる機会があれば，試してみてください。

(3) 証人尋問

　証人尋問は，実務上，最初にその証人尋問を請求した検察官または弁護人が尋問し，その後，もう一方の当事者が尋問するという順に行なわれるのが通例です。これを**交互尋問**といい，請求した側の尋問を主尋問，もう一方の側の尋問を反対尋問といいます。

　現行の刑事訴訟法は，**当事者主義**（☞p.55）を採用しており，この原則に沿う形で，証人尋問においても，当事者が交互に尋問することを原則とし，裁判所は必要ある場合に限って補充的に尋問を行うという運用がなされています。なお，**主尋問**は，立証すべき事項とそれに関連する事項，証言の証明力を争うために必要な事項について行うこととされ（同規則199条の3），また，証人の身分等の準備的事項や訴訟関係人に争いがないことが明らかな事項などの例外を除き，誘導尋問は禁止されています（同条3項）。

ア　主尋問

　遺体の司法解剖をした法医学教室の医師の証人尋問（主尋問）の場合，具体的には以下のようなやりとりが行われます。

検察官：まず，証人の経歴をお尋ねします。証人は，○○大学医学部法医学教室に勤務されている医師ですね。

証　人：はい，そうです。

検察官：証人は，1995年3月に○○大学医学部を卒業され，同年に医師免許を取得していますね。

証　人：はい，そのとおりです。

検察官：その後は，一般病院に勤務されるなどし，2005年，○○大学医学部法医学教室の助手となり，准教授を経て，現在，同教室の教授をされていると言うことですね。

証　人：はい，そうです。

　　　　これまでに司法解剖を行った件数は何件ですか。

証　人：法医学教室に助手として入ってから，現在までの間に，およそ200件と記憶しております。

検察官：司法解剖の他に行政解剖も行った経験はありますか。

証　人：はい，あります。

検察官：行政解剖のご経験は何件ほどありますか。

証　人：25件程度と記憶しています。

検察官：証人は，○○大学医学部法医学教室の解剖室において，○○○○さんの死体を解剖して，○○さんの死因の鑑定を行いましたね。

証　人：はい。

検察官：鑑定の結果については，鑑定書を作成していますね。

証　人：はい，私が鑑定書を作成しました。

検察官：(鑑定書を示す)

　　　　これは，証人が作成した鑑定書の写しですね。

証　人：はい。

検察官：こちらに記載してある氏名等ですが，証人が署名され，押印なさったもので間違いないですか。

証　人：はい，そのとおりです。

検察官：この鑑定書の内容について，何か訂正しておきたい点などありますか。

証　人：特にありません。

検察官：鑑定の経過と結果については，この鑑定書に間違いなく記載されていますか。

証　人：はい，私が鑑定を行った経過と結果を間違いなく記載しております。　　　　　　　　　　　(以下，略)

　鑑定書を作成した医師の証人尋問の場合，冒頭で，まず証人の経歴等についての誘導尋問がなされます。これらの事項についてまでオープンな質問をして証人が記憶に基づいて答えていたのでは，効率的な尋問ができなくなるため，誘導尋問で済ませています。

　また，鑑定書を示して，鑑定書を作成した者が証人であること，鑑定の経過と結果を正確に記載したものであるか（成立の真正性）どうかを確認していることがわかります。

　なお，鑑定書等について，「自分が作成したものなのに，書面を見ながら証言できないのか」という質問をされることがあります。外国の裁判では手元の資料を見ながら証言する姿を見る

ことがありますが，日本の裁判では，原則として書面や物を見ながら証言することはできません。例外として，前記の例のように，書面の成立や同一性などについて尋問する場合や，証人の記憶を喚起する必要がある場合に限り，尋問の際に書面や物を証人に示すことができます（同規則199条の10，199条の11）。

イ　反対尋問・再主尋問・補充尋問

　反対尋問は，原則として，主尋問に現れた事項および関連する事項についての尋問に限られます。但し，裁判長の許可を受けた場合には新たな事項の尋問も可能ですし，証人の供述の証明力を争うために必要な事項についての尋問は，主尋問の場合と同様に許されます（同規則199条の４第1項，199条の５第１項）。なお，反対尋問の場合には，主尋問の場合と異なり，誘導尋問を行うことが許されています（同規則199条の４第３項）。

　反対尋問が終わると**再主尋問**となります。再主尋問は，反対尋問に現れた事項および関連する事項に限られます（同規則199条の７）。規則で予定されているのは再主尋問までですが，裁判長の許可があれば，その後も，再反対質問・再々主尋問・再々反対質問と続けることが可能です（同規則199条の２第２項）。

　当事者による尋問の後，裁判所が職権で**補充尋問**を行います（同規則199条の９）。もっとも，当事者による尋問の途中であっても，裁判所は必要と判断した場合はいつでも介入して補充尋問を行うことが可能です（同規則201条）。

　証人尋問については，冗長な質問を避け，できる限り個別的かつ具体的で簡潔な尋問をしなければなりません（同規則199条

の13第1項)。また，ⓐ威嚇的または侮辱的な尋問，ⓑすでにした尋問と重複する尋問，ⓒ意見を求め又は議論にわたる尋問，ⓓ証人が直接経験しなかつた事実についての尋問は禁止されています（同条3項)。

　ⓐのような尋問が許されないことは常識的に考えて明らかですが，ⓑⓒⓓの尋問については，必要性が認められれば許される場合もあるため，裁判所も判断に迷って尋問を制止しないことがあります。このような場合，仮に本来は許されない尋問であっても，それに証人が答えてしまうと，証人の証言は証拠となってしまいます。そこで，そのような場合，当事者が裁判官に対して異議の申し立て（同規則205条1項）を行い，尋問を中止・撤回させたり，変更させたりすることが必要になります。

　ちなみに，ドラマやゲームの法廷シーンで「異議あり！」というセリフが出てくることがありますが，これは本来，禁止されている尋問を裁判所が止めないことについて裁判所に対して異議を申し立てるために行う発言であり，尋問をしている当事者や証人に対して行うものではありません。

3．証人として証言する際の留意点

　証人として何よりも大切なことは「記憶に基づいて証言する」ということです。証人が意図的に記憶に反する証言をすることが許されないのは当然ですが，はっきりしない曖昧な事項について，曖昧な部分を想像で補い，はっきり覚えているかのように証言することも，事実に反する証言であって許されません。

　真面目な方ほど,「記憶が曖昧だ」とか「よく見えなかった」などと答えると不誠実だと思われるのではないかと考えてしまう傾向があるようですが, 記憶が曖昧であることは曖昧である, よく見えなかったものはよく見えなかった, とはっきり答えることが「記憶に基づいて供述する」ということなのです (☞*Column*)。

Column ある証人尋問のケース

　以下は, ある刑事裁判の証人尋問における反対尋問を要約したものです。証人は, 被告人が被害者の胸ポケットから財布を盗んだ瞬間を現認したという警察官でした。記憶にないことを想像で補って回答することの危険性がよくわかる事例です。

弁護人:あなたは, 被告人がスリを行ったところを間違いなく
　　　　目撃したんですね。

証　人:はい, そうです。

弁護人:被告人はどのように財布を盗ったのですか。

証　人:右手を被害者の胸ポケットの方に伸ばし, 財布をスッ
　　　　とつまみ上げました。

弁護人:実際にやってもらえますか。

証　人:(右手の親指と他の4本の指で財布を挟む仕草をする)

弁護人:被告人は, 右手の親指とその他の指で財布をつまんで
　　　　被害者の胸ポケットから抜き取ったということですか。

証　人:間違いありません。

弁護人:被告人には右手の親指がありませんが, 証人は, 本当
　　　　に被告人が右手の親指とその他の指で財布をつまんで抜き
　　　　取ったところを見たのですか。

証　人:・・・・・・

本章のポイント

● 証人尋問とは，公判廷において，証人に自己の直接経験した事実を供述させる方法で行う証拠調べである。

● 証人のうち，特別の知識や経験によって知り得た事実について供述する者を鑑定証人という。

● 証人尋問は，冒頭に人定質問・宣誓・偽証の警告を行った後，①証人尋問を請求した当事者による主尋問，②もう一方の当事者による反対尋問，③再主尋問，④裁判官による補充尋問の順で行われるのが一般的である。

● 主尋問における誘導尋問は原則として禁止されている。

● 証人として証言する際は，記憶に基づいて証言することが何より重要である。

〔主な参考文献〕

• 司法研修所監修『刑事第一審公判手続の概要　―参考記録に基づいて―〔平成21年度版〕』（法曹会，2009年）

• 池田修＝前田雅英『刑事訴訟法講義〔第6版〕』（東京大学出版会，2018年）

第12章

民事紛争と死因究明

I　はじめに

1．本章の目標

　本章では，医療事故に関する不法責任を題材に，民事紛争において死因究明が果たす役割について説明をします。

　医療事故により患者が死亡した場合，遺族が，医師に対し，民事責任を追及して民事訴訟を提起することが考えられます。本章では，このような医療事故に関する民事紛争における，不法行為責任の要件である過失や因果関係の意義について説明します。

　本章の主な目標は，以下の3つです。

本章の目標

① 民事紛争において死因究明が果たす役割を知る。

② 民法709条の過失の意義について理解する。

③ 民法709条の因果関係の意義について理解する。

２．医療事故と民事紛争

(1) 不法行為責任の成否に係る主要な争点

　医療事故によって患者が死亡した場合，患者の遺族が，患者の治療を行っていた医師の民事責任を追及すること，具体的には，医師を被告として不法行為に基づく損害賠償を求める民事訴訟を提起することが考えられます。なお，刑事責任については本章では考慮しません。

　第５章で確認したように，民法709条を根拠とする不法行為責任の成立要件は，ⓐ加害者の故意または過失，ⓑ被害者の権利または法律上保護された利益の侵害，ⓒ損害の発生，ⓓ加害行為と損害の発生との間の因果関係です（ 👉**第５章Ⅱ１**）。医療事故のように，被害者である患者が死亡しているケースでは，ⓑ被害者の権利または法律上保護された利益の侵害が発生していることや，その結果，患者や遺族にⓒ損害が発生していることは明らかです。また，医師が故意に患者を死なせた場合は，もはや医療事故ではなく殺人事件ですから，その場合も除外します（殺人の場合に民事責任が生じないという意味ではありません。）。そうすると，医療事故について不法行為責任が成立するには，ⓐ加害者の過失，すなわち医師の注意義務違反が認められることと，ⓓ医師の注意義務違反と被害者の死という結果の間に因果関係が認められること，という２点が主な争点となることがわかります。

　したがって，医療事故のようなケースでは，不法行為責任に係る民事紛争の主要な争点は，過失と因果関係の２点ということになります。

(2) その他の民事責任

　先のケースにおいて，被害者である患者の遺族は，医師だけでなく，医師が所属していた病院に対しても，使用者責任（民法715条）や，病院としての注意義務違反を主張して不法行為責任に基づく損害賠償を請求することが考えられますが，ここでは，説明が複雑になるのを避けるため，医師に対する損害賠償責任のみを考えることとします。

　また，医師についても，不法行為責任以外に，患者と医師との間の診療契約を前提とする債務不履行責任（民法415条）も問題となり得ますが，債務不履行責任の成立要件は，不法行為責任の成立要件と実質的にかなりの部分で重複するため（☞第5章 I 2），本章においても，不法行為責任に焦点をあてて，医療事故において医師の損害賠償責任が認められるための要件である過失や因果関係について説明します。

参照条文

民法415条1項　債務者がその債務の本旨に従った履行をしないとき又は債務の履行が不能であるときは，債権者は，これによって生じた損害の賠償を請求することができる。ただし，その債務の不履行が契約その他の債務の発生原因及び取引上の社会通念に照らして債務者の責めに帰することができない事由によるものであるときは，この限りでない。

同法715条1項　ある事業のために他人を使用する者は，被用者がその事業の執行について第三者に加えた損害を賠償する責任を負う。ただし，使用者が被用者の選任及びその事業の監督について相当の注意をしたとき，又は相当の注意をしても損害が生ずべきであったときは，この限りでない。

第3部　実践編

Ⅱ　医療事故における過失

1．診療行為における医師の注意義務

(1) 医療事故における過失の意義が問題となった事例

　医療事故における過失の意義に関する有名な最高裁判例として，最判昭和36年2月16日民集15巻2号244頁（梅毒輸血事件）があります。この事件は，被害者が死亡した事案ではありませんが，医療事故における過失の意義に関するリーディングケースと位置付けられています。

> ### 事実の概要
>
> 　Xは，子宮筋腫の治療のために東大病院に入院した際，A医師から職業的売血者Bの血液を輸血された。A医師は，Bから輸血用の血液を採血するにあたり，当時の慣行に従い「身体は丈夫か」という問いを発しただけで問診を省略していた。
> 　梅毒に感染していたBの血液を輸血されたために梅毒に感染したXは，Aの使用者であるY(国)に対して国家賠償法1条1項に基づく損害賠償を求め出訴した。

　上記の事例では，民法709条に基づく損害賠償請求ではなく，国家賠償法という特別法を根拠に損害賠償請求がなされていますが，本章では国家賠償法に関する論点については省略します。なお，古い事件のため「職業的売血者」という聞きなれない言葉がありますが，これは，輸血用の血液を個人の売血に頼っていた時代に，売血をすることで生計をたてていた者のことを意味します。

　この事件の民事裁判において，A医師は，問診をしたところで
Bが梅毒感染者かどうかはわかるはずがなく，また，問診を省略
することが当時の慣行であり，自分にそれに従っただけで過失は
なかったと主張しました。そのため，この事件では，ⓐ梅毒感染
を予見する上で問診が有効な手段であったといえるか，およびⓑ
問診を省略する慣行が行われていたことがA医師の過失の有無の
判断に影響するか，という2点が争点になりました。

(2) 医師の注意義務の程度

　上記ⓐについて，最高裁は，診療行為にあたる医師に要求され
るのは「**最善の注意義務**」であると指摘しました。つまり，本判
決は，医学の専門家である医師に対して，単なる注意義務以上の
高度な注意義務を課したことになります。

　ただし，この「最善の注意義務」については，別の最高裁判決
（最判昭和57年3月30日判時1039号66頁）において，医師の診療
行為上の注意義務の基準となるべきものは，「一般的には診療当時
のいわゆる臨床医学の実践における医療水準である」と判示され
ています。これにより，診療行為にあたる医師に求められる注意
義務は，学問としての医療水準ではなく，「**臨床医学の実践におけ
る医療水準**」であるとして，実践医療の現場において妥当とされ
ている技術準則を法的な注意義務の中に取り込み，医師の診療行
為における注意義務を一定程度緩和しました。

　また，この臨床医学の実践における医療水準は，全国一律の絶
対的な基準ではなく，当該医師の専門分野や医療機関の性格，地
域の医療環境の特性等を考慮して判断されると考えられています。

171

(3) 診療上の慣行と医師の注意義務

　上記ⓑについて，Ａ医師は，職業的売血者に対して「梅毒に感染しているか」と問診しても，売血できなくなるのを怖れて正直に答える者はほぼいないと考えられることから，問診によって梅毒の感染を防ぐことはできず，それゆえに，当時は採決時に問診しないことが慣行として定着していたと主張しました。

　これに対し，最高裁は，医療慣行に従ったからといって，医師が医療水準に従った注意義務を尽くしたことにはならないと判示しました。つまり，その当時に診療現場において慣行的に行われていなかった行為であったとしても，規範的に見て必要だと判断されれば，それが診療上の注意義務として医師の過失の有無の判断基準となりうると最高裁は判示したことになります。

　この事件では，慣行に従った自分に過失はないというＡの主張は認められず，最高裁は，医師という専門家にどのような注意義務が課せられているのかを規範的に検討し，医師が「最善の注意義務」を尽くしたといえるかどうかを判断したのです。

2．予防接種禍における過失の推定

(1) 予防接種禍における過失の意義が問題となった事例

　予防接種の副反応による被害（予防接種禍）について，過失責任の原則を修正（☞p.70 *Column*）して医師の不法行為を認めた最高裁判例として，最判昭和51年 9 月30日民集30巻 8 号816頁（インフルエンザ予防接種禍事件）があります。

事実の概要

　Y（東京都）が設置する保健所において，インフルエンザの予防接種を受けた幼児Cがその翌日に死亡した。

　Cの父母Xらは，担当医師Dには，Cに問診を行わずに予防接種をしたことにつき予診義務を怠った過失があるとして，Yに対し国家賠償法1条1項に基づく損害賠償を求め出訴した。

　なお，Cが死亡した原因は，Cが予防接種の1週間前ほど前から間質性肺炎および濾胞性大小腸炎に罹患していたため，接種による副反応が出たためであると認定されている。

---

(2) 医師の注意義務と立証責任

　不法行為に基づく損賠賠償請求の立証責任（☞p.80*Keyword*）を貫徹すると，この事例においてXらの損害賠償請求が認められるには，予防接種にあたりDに過失があったこと，すなわち，DにはCの副反応を予見し回避すべき注意義務があったのに，これに違反したということをXらが証明する必要があります。

　この事例では，Cが予防接種をすべきでない者（禁忌者）に該当することがわかっていれば，予防接種を中止することで副反応という結果を容易に回避することができるため，Xらは，予見可能性，つまり，Cが禁忌者に該当することをDが識別することが可能であったことを立証すればよいことになります。しかしながら，このようなケースにおいて，Cが禁忌者に該当することをDが識別できたことを立証するのは，難しい面があります。

　本判決の原判決（東京高判昭和49年9月26日民集30巻8号836頁）も，予防接種時にXらはCが元気であると思っていたため，

173

仮にDが問診をしたとしても，XらがCに異常があると回答する
はずはないから，Dに予見可能性はなく，過失は認められないと
判示して，Xらの請求を棄却しました。

(3) 過失の事実上の推定

　これに対し，最高裁は，医師が禁忌者の識別判断を誤って予防
接種を実施した場合において，異常な副反応により接種対象者が
死亡または罹病したときには，「担当医師は接種に際し右結果を予
見しえたものであるのに過誤により予見しなかったものと推定す
るのが相当である」と判示して，Xらの損害賠償請求を認容しま
した。つまり，最高裁は，医師に高度の問診義務を課した上で，
過失の事実上の推定という手法により，医師の側が適切な問診を
尽くしたという反証をしない限り，過失を肯定するという判断枠
組みを採用し，具体的事案においてもDの過失を肯定したのです。
　この最高裁判決は，医療事故に関する民事裁判において医学知
見や情報を有していない原告に過失の立証責任を全面的に負わせ
るのは公平性を欠くことから，過失の事実上の推定により原告の
立証責任を緩和し，過失責任の原則の修正を図ったものとして理
解すべきであると思われます。
　ちなみに，その後の最判平成3年4月19日民集45巻4号367頁
は，本判決と同様の手法により被害者の禁忌者該当性を推定して
おり（本判決では，Cが禁忌者に該当することは推定ではなく認
定されていました），本判決と合わせ，予防接種禍については，医
師の過失を推定することで被害者救済を図るという判例の立場が
固まったものと思われます。

Ⅲ　医療事故における因果関係

１．因果関係の証明とは何か？

(1) 因果関係の証明が問題となった事例

　因果関係の証明の程度が問題となった最高裁判例として，最判昭和50年10月24日民集29巻9号1417頁（東大病院ルンバールショック事件）があります。この判決は，医療事故に限らず，不法行為における因果関係の証明に関する非常に重要な最高裁判決です。

事実の概要

　東大病院の医師Eが，化膿性髄膜炎に罹患した3歳の男児Fに対し，「ルンバール」と呼ばれる腰椎に針を刺して髄液を採取しペニシリンを髄腔内に注入する施術を実施したところ，間もなくFにけいれん発作などが起こり，運動障害，発語障害，知能障害の後遺症が生じた。

　この事件で争点になったのは，E医師のしたルンバールとXに生じた後遺症と間の具体的な因果関係の有無です。第一審判決（東京地判昭和45年2月28日民集29巻9号1449頁）は，Xの後遺症はルンバールによって生じたと判断したものの，Eに過失は認められないとして，Xの請求を棄却しました。これに対し，控訴審判決は，Xの発作が脳出血と化膿性髄膜炎の再燃のいずれによるものかは判定し難い判示として因果関係を否定しました（結論は変わらないため控訴は棄却されています）。

(2) 民事裁判における因果関係の立証

　最高裁は，民事訴訟における因果関係の立証について，一般論として次のとおり判示しました。「訴訟上の因果関係の立証は，一点の疑義も許されない自然科学的証明ではなく，経験則に照らして全証拠を総合検討し，特定の事実が特定の結果発生を招来した関係を是認しうる**高度の蓋然性**を証明することであり，その判定は，通常人が疑を差し挾まない程度に真実性の確信を持ちうるものであることを必要とし，かつ，それで足りるものである。」

　その上で，最高裁は，Xの後遺症とルンバールとの間の因果関係は肯定される旨を判示し，控訴審判決を破棄して，E医師の過失の有無について審理を尽くさせるため，本件を控訴審に差し戻しました。ちなみに，差戻控訴審（東京高判昭和54年4月16日判時934号27頁）では，E医師の過失が肯定され，Xの請求が一部認容されています。

2．不作為の因果関係

(1) 不作為の因果関係が問題となった事例

　東大病院ルンバールショック事件で問題になった行為は，ルンバールという積極的な行為（作為）でした。しかし，例えば，患者にとって必要な治療を行わなかったという消極的な行為（不作為）によっても不法行為が成立することがあります。このような不作為と結果との間の因果関係が問題となった最高裁判例として，最判平成11年2月25日民集53巻2号236頁があります。

事実の概要

　Ｙの経営する病院に通院して肝硬変症等の診療・治療を受けていたＧが，他の病院に緊急入院し検査を受けたところ，肝臓癌が破裂し腹腔内出血を起こしていることがわかったが，既に手の施しようのない状態であり，その後，肝癌により死亡した。

　Ｇの遺族Ｘは，Ｙに対し，Ｇの死亡は，ＹがＧの肝癌の発症の発見を怠ったため適切な治療を受けられなかったことによるとして，不法行為等に基づく損害賠償請求訴訟を提起した。

　第一審判決（福岡地裁小倉支判平成 7 年 5 月16日民集53巻 2 号272頁）は，Ｙが医師としての注意義務に従い定期的スクリーニングを実施していれば，少なくとも他の病院で肝癌が発見された昭和61年 7 月より以前にＧの肝癌を発見することができたとして，Ｙの過失を肯定しました。他方，第一審判決は，Ｇの延命可能性が認められるとしても，どの程度の延命が期待できたかは確認できないから，Ｙの過失とＧの死亡との間に相当因果関係を認めることはできないなどとして，Ｇの死亡についての損害賠償請求を棄却しました（ただし，Ｙ医師の過失により適切な治療を受ける機会が奪われ，Ｇの延命可能性も奪われたとして，精神的苦痛についての慰謝料請求を認容しました）。

　これに対し，控訴審判決（福岡高判平 8 年 6 月27日民集53巻 2 号297頁）は，Ｙが注意義務を尽くしていれば，Ｇの肝癌は，遅くとも昭和61年 1 月の時点で発見することができたと判示しつつ，第一審判決と同じく，Ｙの過失とＧの死亡との間に相当因果関係を認めることはできないとして，Ｘの控訴を棄却しました。

(2) 不作為と死亡との間の因果関係

　最高裁は，以下のとおり述べて，原判決を取り消し，本件を控訴審に差し戻しました。

　東大病院ルンバールショック事件上告審判決の判示した一般論は「医師が注意義務に従って行うべき診療行為を行わなかった不作為と患者の死亡との間の因果関係の存否の判断においても異なるところはなく，……医師が注意義務を尽くして診療行為を行っていたならば患者がその死亡の時点においてなお生存していたであろうことを是認し得る高度の蓋然性が証明されれば，医師の右不作為と患者の死亡との間の因果関係は肯定される」

　「これを本件について見るに，……Gの肝細胞癌が昭和61年1月に発見されていたならば，以後当時の医療水準に応じた通常の診療行為を受けることにより，同人は同年7月27日〔Gの死亡日〕の時点でなお生存していたであろうことを是認し得る高度の蓋然性が認められる……。そうすると，……Yの前記注意義務違反と，Gの死亡との間には，因果関係が存在する」

　このように，最高裁は，原判決の事実認定を前提に，Yの過失とGの死亡との間に因果関係を肯定しました。ただし，差戻控訴審判決（福岡高判平成14年7月16日判例集未搭載）は，差戻控訴審における新たな証拠調べ（鑑定）の結果から，仮に定期的スクリーニングによりGの癌を早期発見できたとしても，その時点で延命可能な治療は不可能であったと判断し，Gが死亡時点でなお生存していた高度の蓋然性を肯定することは困難であるとして，差戻前の控訴審判決とは別の理由により，Yの過失とGの死亡との間の相当因果関係を否定し，Xの控訴を棄却しています。

Column 民事紛争における死因究明の役割

　医療事故における医師の過失については，注意義務の高度化（☞**本章Ⅱ1**）や，事実上の推定（☞**本章Ⅱ2**）により，一定程度立証責任が緩和されています。とはいえ，例えば，本章Ⅱ2で紹介した2つの最高裁判例の事案では，予防接種禍で死亡または罹病したことが副反応によることが過失の推定を受ける当然の前提となっており，被害者が死亡しているケースでは，死因究明によって被害者の死因が予防接種の副反応によることを明らかにしておかなければ，過失について事実上の推定を受けることができません。このように，被害者が死亡している事件では，過失の有無の判断にあたり，死因究明が重要な役割を果たします。

　次に，医療事故における因果関係の認定については，より死因究明の重要性が大きいといえます。特に，本章Ⅲ2で紹介した事案においては，最高裁が差戻前控訴審判決の認定した事実関係から，被告の不作為による過失と被害者の死の間の因果関係を肯定したにもかかわらず，差戻控訴審においては，新たに実施された鑑定の結果，仮に被害者の癌が早期に発見されたとしても，被害者が延命していた高度の蓋然性が認められないとして，相当因果関係が否定されました。このように，最高裁が因果関係を認めた場合であっても，死因究明によって新たな事実が明らかになった場合，その前提が失われ，反対の結論になることがあり得ます。したがって，被害者が死亡している事件においては，因果関係の有無の判断にあたり，死因究明が極めて重要な役割を果たします。

本章のポイント

● 診療行為にあたる医師に要求される注意義務は「最善の注意義務」であり，診療当時の臨床医学の実践における医療水準における最善の注意義務を意味する。

● 医師が禁忌者の識別判断を誤って予防接種を実施した場合，異常な副反応により接種対象者が死亡または罹病したときは，担当医師は接種に際し当該結果を予見しえたものであるのに過誤により予見しなかったものと推定される。

● 民事裁判における因果関係の立証は，特定の事実が特定の結果発生を招来した関係を是認しうる高度の蓋然性を証明することを意味する。

● 不作為による過失についても，当該不作為が被害者の死を招来した高度の蓋然性が認められれば，因果関係が認められる。

〔主な参考文献〕

- 潮見佳男『基本講義 債権各論Ⅱ 不法行為法〔第3版〕』（新世社，2017年）
- 窪田充見『不法行為法〔第2版〕』（有斐閣，2018年）

第13章

民事事実認定と死因究明①
－ 過失 －

Ⅰ　はじめに

1．本章の目標

　本章と次章では，民事事件における事実認定と死因究明との関係について説明します。

　前章で学んだように，民事上の損害賠償請求の事案においては，過失や因果関係の有無が重要な争点となります。本章では，このうち過失の認定について説明します。

　本章の主な目標は，以下の3つです。

本章の目標

① 民事事件における過失の認定の構造を知る。

② 医療事故に関する具体的な民事上の過失の認定を知る。

③ 死亡事故に関する民事上の過失の認定において死因究明が果たす役割を知る。

---

2. 民事損害賠償と故意・過失

(1) 民法709条の「故意又は過失」とは

　民事事件における過失の認定について説明する前提として，民法709条の「故意又は過失」について少しだけ復習をしておきます。

　まず，「故意」は，日常生活の中では「わざと」という意欲的な要素を含む言葉として用いられますが，民法の世界では，意欲までは必要とされず，「そうなっても仕方がない」という結果の認容で足りると考えられています（刑法における議論につき☞p.41）。

　次に，「過失」については，判例において様々な考え方が示されていますが（☞第12章Ⅱ），本章では，ひとまず，「結果発生の予見可能性がありながら，結果の発生を回避するために必要とされる行為をしなかった」，すなわち**予見可能性**と**結果回避義務違反**という過失の基本的な構成要素（☞第5章Ⅲ1）を前提に説明します。

(2) 民事紛争における争点

　上記のとおり，故意による加害行為の場合でも不法行為責任は成立しますが，故意に人を死に至らしめた場合は殺人であり，人の死が関わる民事紛争において故意の有無が争点になることは，あまり多くありません。そこで，以下では，民事事件における過失の認定に焦点をあてて説明します。

　なお，正確には，過失そのものは事実ではなく**評価**であり，過失に関する事実認定は，過失という評価の根拠となる事実（**評価根拠事実**）や評価を妨げる事実（**評価障害事実**）について行われますが，本章では「過失の認定」という表現を用いて説明します。

II　民事裁判における過失の認定

1．過失の認定の構造

(1) 理論的な過失の認定構造

　過失とは，予見可能性があることを前提とした結果回避義務違反を意味しますが，それを図表に示すと下図のようになります。

【図1：過失の理論的な事実認定の構造】

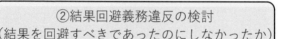

①予見可能性の検討
（結果の発生を予見できたか）

②結果回避義務違反の検討
（結果を回避すべきであったのにしなかったか）

　つまり，理論上は，ある結果の発生が予見でき，その結果を回避することができたにもかかわらず，結果を回避する義務を尽くさなかった場合に，過失があったと認定されるわけです。

　例えば，自動車を運転する際，高速道路上などの特別な場所を除き，横断歩道のない場所であっても，歩行者が道路を横断することは通常予見できるといえます。それゆえ，運転者は，歩行者を轢いてしまうようなことがないように，前方を注視して，危険を察知したら直ちにブレーキをかけるなどして結果を回避する義務があり，わき見運転をしていて歩行者を見逃したり，動揺してブレーキを踏まなかったりした場合，結果回避義務違反，すなわ

ち過失が認定されます（ただし，歩行者が直前に道路に飛び出したようなケースでは，危険を察知できた時点でブレーキを踏んでも結果を回避できないため，過失が認められないことがあります）。

　このように，理論上は，過失の認定構造は，①予見可能性の検討➡②結果回避義務違反の検討という順序であり，民事裁判の判決文においても，そのような順に記述されるのが一般的です。

(2) 現実的な事実認定の構造

　しかしながら，現実の民事紛争，特に医療事故に関する民事紛争において，過失の有無を検討する際には，結果から遡る形で過失の認定を行うほうが多いと思われます（図2）。

　つまり，まず，起こってしまった結果をもとに，どうすれば当該結果を回避することができたかという観点から，結果回避措置について検討し，次に，そのような措置を講ずべき義務の前提となる予見可能性について検討します。そして，いずれも認められ

【図2：過失の現実的な認定構造（医療事故）】

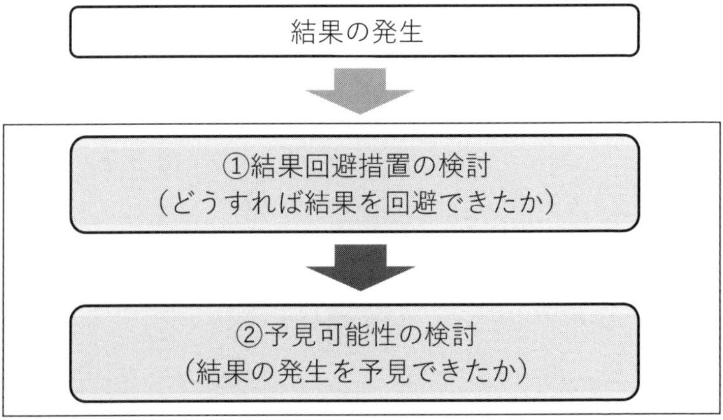

結果の発生

①結果回避措置の検討
（どうすれば結果を回避できたか）

②予見可能性の検討
（結果の発生を予見できたか）

れば，過失があったと認定されることになります。ただし，行為者に結果回避措置を講ずべき法的義務がない場合には，結果回避義務違反とはいえないため，過失は認められません（👉*Column*）。

Column 結果回避措置を講ずべき法的義務がないケース

　予見可能性があり，かつ，結果回避可能性があったとしても，行為者に結果回避措置を講ずべき法的義務がない場合には，過失が認められず損害賠償責任は生じません。

　例えば，ひき逃げ事件の目撃者が，何もせずにその場を立ち去ったところ，被害者が手遅れとなって死亡したというケースを考えてみましょう。この場合，目撃者が救護活動や119番通報などの結果回避措置を講じていれば被害者の死亡という結果は回避できた可能性がありますし，また，事故の程度にもよりますが，目撃者は，被害者を放置すれば死亡するという結果を予見することができた可能性もあります。

　しかし，単なる目撃者には，道義的な責任はあるものの，被害者の救護等をすべき法的な義務まではありません。そのため，何もせずその場を立ち去ったとしても，結果回避義務違反は認められません。ちなみに，事故を起こした車両の運転者はもちろん，同乗者にも，直ちに被害者を救護し，警察へ通報すべき法律上の義務があります（道路交通法72条）。

　なお，医療事故においては，一般に，予見可能性と結果回避可能性が認められれば結果回避義務が認められますが，事案によっては，例外的に医師等が結果回避義務を負わず過失が認められないケースもあり得ます。

2．過失の認定の具体例①

(1) 最判平成18年4月18日判時1933号80頁

事実の概要

　Aは，平成3年2月22日，Y院長の経営するB病院において冠状動脈バイパス手術を受けた。Aの術後管理を担当していたC医師は，23日夕刻頃からAが強い腹痛を訴え，24日未明には高度のアシドーシスを示すようになったことなどから腸管壊死を疑ったが，対症療法を行っただけで，経過観察を続けた。その後，24日夜に開腹手術が行われたものの，Aは，25日午後1時頃，腸管壊死により死亡した。

　Aの遺族であるXは，C医師には，腸管壊死を疑って直ちに開腹手術を実施すべき注意義務を怠った過失があるとして，Yに対して損害賠償を求める民事訴訟を提起した。

　上記の事例では，Y院長に対して使用者責任（☞p.169）に基づく損害賠償請求等がなされていますが，使用者責任が認められるには，被用者であるC医師に不法行為責任が認められるのが前提となるため，以下，C医師の過失について説明します。

　この事案において，最高裁は，平成3年当時の腸管壊死に関する医学的知見を基準に，C医師は，24日午前8時頃までに，Aについて，腸管壊死が発生している可能性が高いと診断した上で，直ちに開腹手術を実施し，腸管に壊死部分があればこれを切除すべき注意義務があったのにこれを怠ったとして，C医師の術後管理上の過失を肯定しました。

(2) 具体的検討

　それでは，上記の事例を題材に，医療事故に関する過失の有無について具体的に検討してみましょう。

　なお，個々の事案における具体的な救命可能性については，因果関係の認定にあたって判断されるため（☞第14章Ⅱ2），この段階では，抽象的な結果回避可能性（救命の余地）を前提に結果回避措置について検討します。

ア　結果回避措置の検討

　まず，どうすればAの死亡という結果を回避できたかについて検討します。これには医学的知見が必要となりますが，本判決では，事件当時の医学的知見において「腸管え死の場合には，直ちに開腹手術を実施し，え死部分を切除しなければ，救命の余地はな〔い〕」とされていた，と認定されています。

　したがって，「直ちに開腹手術を実施し，え死部分を切除」すれば**救命の余地**（抽象的な結果回避可能性）が認められるため，上記の措置が本件における結果回避措置の内容になります。

イ　予見可能性の検討

　次に，C医師がAの死亡という結果の発生を予見することができたかについて検討します。上記のとおり，「腸管え死の場合には」直ちに開腹手術を実施し壊死部分を切除するという結果回避措置を講じなければ救命の余地はない，というのが事故当時の医学的知見であったことから，C医師が，実際に開腹手術が行われたよりも前にAに腸管壊死が生じていることを認識できていたのであれば，予見可能性は認められます。

　この点につき，本判決は，「腹痛が常時存在し，これが増強するとともに，高度のアシドーシスが進行し，腸閉そくの症状が顕著になり，腸管のぜん動運動を促進する薬剤を投与するなどしても改善がなければ，腸管え死の発生が高い確率で考えられていた」という当時の医学的知見を前提に，ⓐ23日夕刻頃からAが強い腹痛を訴え，鎮痛剤投与後も腹痛が強くなったこと，ⓑ同日午前3時頃には高度のアシドーシスを示すようになり，薬剤（メイロン）を投与しても改善されなかったこと，ⓒ同日午前8時頃撮影のレントゲン写真に腸閉塞像が認められ，腸管のぜん動運動を促進する薬剤が投与しても改善されなかったことなどから，C医師は，腸管壊死が発生している可能性が高いと判断することができたとして，予見可能性を肯定しています。

ウ　結論

　以上のように，本件では，結果回避措置の存在と，C医師の予見可能性が認められました。そして，C医師はAの術後の管理を担当していた医師であり，結果回避措置を講じて結果を回避する義務（結果回避義務）が認められることから，本件では，C医師に予見可能性を前提とする結果回避義務違反，すなわち過失を認定することができます。

(3) 過失の認定における死因究明の役割

　本件では，腸管壊死という死因を前提に，C医師が講ずべき結果回避措置や，その前提となる予見可能性が認定されています。仮に，死因の特定（狭義の死因究明）がなされず，Aの死因が不

明であった場合，XがC医師の過失について立証責任を負う以上，C医師の過失は認定されなかったかもしれません。

　また，カルテ等によってAが死に至るまでの経緯（上記(2)イⓐⓑⓒ等の事実）が明らかにならなければ，つまり，広義の死因究明がなされなければ，仮にAの死因が特定できていたとしても，C医師の予見可能性が**真偽不明**（☞p.80 *Keyword*）となり，やはり過失の認定はなされなかったかもしれません

　このように，死因を究明することは，過失を認定する大前提であるということができます。死因究明がなされなければ，結果回避措置も予見可能性も真偽不明となり，過失責任は問えないことになることが多く，過失の認定にとって，死因究明は極めて重要な役割を果たすことになるのです。

3．過失の認定の具体例②

(1) 大阪高判平成27年11月25日判時2297号58頁

事実の概要

　Xは，事故当日午前8時頃，生後4か月の長男DをY会社の設置運営する認可外保育施設園に預けたところ，お昼すぎに同施設のベビーベッド上でDがうつ伏せ寝の体勢で心肺停止状態となっているのを同施設の保育従事者が発見し，119番通報したが，Dは，同日午後2時頃，搬送先の病院で死亡した。

　Xは，Dは保育従事者らの過失により窒息死したと主張して，Yおよび保育従事者らに対して損害賠償を求め出訴した。

---

(2) うつぶせ寝の体勢で乳幼児が急死するケース

　保育施設や病院等で，乳幼児，特に6か月未満の乳児が，うつぶせ寝の体勢で心肺停止状態となっているのを発見されるという事例がしばしば起こります。このようなケースで死因として考えられるのは，窒息死とSIDS（**乳幼児突然死症候群**）です。窒息死は，うつぶせ寝により鼻口閉塞が起こるなどして窒息し死亡するものです。これに対し，SIDSは，一般に，「それまでの健康状態および既往歴からその死亡が予測できず，しかも死亡状況調査および解剖検査によってもその原因が同定されない，原則として1歳未満の児に突然の死をもたらした症候群」と定義されます。なお，SIDSの定義や原因については様々な見解がありますが，ここでは上記の定義（厚生労働省の定義）に基づいて説明します。

(3) 乳幼児の死因と保育施設等の過失

　上記のようなケースでは，死因が窒息死である場合とSIDSである場合とで，保育施設側の過失の認定が大きく異なります。

ア　死因が窒息死である場合

　死因が鼻口閉塞による窒息死である場合，結果回避措置は，鼻口閉塞を避けるための措置，すなわち，乳児をうつぶせ寝をさせないことや，うつぶせ寝をさせたとしても長時間放置せず，こまめに乳児の状態を確認し，鼻口閉塞が起こるおそれがあれば体勢を変えることが考えられます。

　そして，近年では，乳幼児はうつぶせ寝の体勢により窒息死する危険があることが，広く認識されています（後述の本判決

の判旨参照）。そのため，少なくとも本件のようなケースでは，死因が窒息死であれば，予見可能性は十分に認められます。

したがって，死因が鼻口閉塞による窒息死である場合，保育施設側に，乳幼児が窒息死しないよう睡眠時も観察を怠らずに適宜乳児の体勢を変えるなどの措置を講ずる義務があるのにそれを怠った，という過失が認められる可能性が高いといえます。

イ　死因がSIDSである場合

これに対し，死因がSIDSである場合，前述のように，SIDSは原因不明の突然死と定義されていることから，死の原因（死因）が不明である以上，どのような措置を講ずれば乳児の死という結果を回避することができたのかも不明ということになります。

そして，結果回避措置が特定できない以上，予見可能性について検討するまでもなく結果回避義務違反は認められません。反対に，理論的な認定構造に従えば，原因不明の死を予見することはできない以上，予見可能性を前提とする特定の結果回避義務違反を認めることはできないことになります。

(4) 具体的事例における過失の認定

以上のように，うつぶせ寝の体勢での乳児の急死事故において，死因が窒息死であるかSIDSであるかは，保育施設側の過失を認定する上で非常に重要な意味を持ちます。

しかしながら，現実には窒息死とSIDSの判別は非常に困難です。例えば，本事案（前掲大阪高判平成27年11月25日）においては，司法解剖を行ったE医師（窒息死かSIDSかを特定することができ

第3部　実践編

ない），原告が提出した鑑定書を作成したF医師（死因は急性窒息
である），被告が提出した意見書を提出したG医師（死因はSIDS
と考えるのが妥当である）という法医学者3名が，Dの死因につ
いて，それぞれ異なる見解を示しています。

　このように専門家の意見が異なる中，原判決（大阪地判平成26
年9月24日判例集未搭載）は，本件事故当時，Dは，ベビーベッ
ドに敷かれたマットレスによって鼻口部が閉塞される状態ではな
く，ベビーベッド上で窒息死するような状況にはなかったとして，
Dの死因をSIDSと認定し，保育従事者らの過失を否定しました。

　これに対し，本判決は，ⓐ発見時のDの体勢がうつ伏せであっ
たこと，ⓑDが寝ていたベビーベッドのマットレスは，Dの頭
部・顔面を置くと約2.5cmの凹みが生じるものであったこと，ⓒD
の鼻や口から出た血液混じりの分泌液の染みが三重構造のマット
レスの三層目にまで大きく染み込んでいたことなどから，Dはフ
ェイスダウン（柔らかな寝具の上にうつ伏せで顔面を真下にした
状態）の状態であったと認定した上で，ⓓDは生後4か月であり，
うつ伏せ寝の体勢により鼻口部が閉塞されて低酸素状態になるま
での間に顔面を横にするなどの危険回避行動を取ることができる
ほどの学習能力がなかったことなどから，Dの死因をうつ伏せ寝
の体勢での鼻口閉塞による窒息死であると認定しました。

　そして，乳幼児は，うつ伏せ寝の体位により窒息死する危険が
あることから，保育従事者は，就寝中の乳幼児をうつ伏せ寝の体
位のまま放置することなく，常に監視し，うつ伏せ寝の体位であ
ることを発見したときは，仰向けに戻さなければならない注意義
務があるのに，本件保育施設の保育従事者らはDをうつ伏せ寝の

192

体勢のまま放置し，鼻口閉塞により窒息死させたといえるとして，保育従事者らの過失を認定しました。

(5) SIDSの認定

　本判決は，上記のとおり，Dの死因は窒息死であると認定しましたが，Dの死因はSIDSである旨の被告側の主張を排斥するにあたり，以下のように判示している点が注目されます。

大阪高判平成27年11月25日判時2297号58頁

「SIDSを検討する前提として，外因死の可能性が否定されていることが必要であること，外因死との鑑別診断にあたり，死体解剖所見だけでなく，病歴や死亡状況調査の結果を併せ考慮し，両者において特に不審な点が見出せない場合にSIDSと判断することになることからすれば，Aの死亡状況に照らし，鼻口閉塞による窒息死であると認定できる本件においては，Aの死因がSIDSであるとはいえない。」

　本判決のいうように，解剖所見だけから死因をSIDSと判断することは，「解剖所見では死因が特定できない」という事実のみから死因がSIDSであると特定することを意味し，絶対に避けなければなりません。本事例の解剖医は，窒息死かSIDSかを特定することができないことを理由に「最終的な死因は不明」としていますが，仮に解剖医が「解剖により死因が特定できないからSIDSである」と判断していたら，本判決の結論も異なっていた可能性があります。解剖医が発見時の状況を踏まえて，「最終的な死因は不明」したことが，大きな意味を持っていたということができます。

本章のポイント

● 民法709条の過失の認定は，論理的には，予見可能性を検討した上で，結果回避義務違反を検討するという認定構造になるが，現実の医療事故に関する民事事件においては，結果から結果回避措置を特定した上で，その前提となる予見可能性について検討するという認定構造となる。

● 過失の有無の判断にあたっては，死因の特定（狭義の死因）だけでなく，死に至る経緯の解明（広義の死因究明）が重要な役割を果たす場合がある。

● 死因（狭義の死因）についても，解剖所見のみならず，死亡時のさまざまな状況等を踏まえて慎重に判断する必要がある場合がある。

〔主な参考文献〕

• 厚生労働省SIDS研究班「乳幼児突然死症候群（SIDS）診断ガイドライン（第2版）」2012年

第14章

民事事実認定と死因究明②
－ 因果関係 －

Ⅰ　はじめに

1．本章の目標

　本章では，前章に引き続き，民事事件における事実認定と死因究明との関係について説明します。

　本章では，民事損害賠償請求の事案において重要な争点となり得る過失と因果関係のうち，因果関係の認定について説明します。

　本章の主な目標は，以下の3つです。

本章の目標

① 民事事件における因果関係の認定に関する立証の程度を知る。

② 医療事故に関する民事上の因果関係の認定において死因究明が果たす役割を知る。

③ 具体的事例における民事上の因果関係の認定を知る。

2．不法行為責任と因果関係

　民事事件における因果関係の認定について説明する前提として，因果関係の意味とその立証の程度（☞**第 5 章Ⅳ**，☞**第12章Ⅲ**）について，少しだけ復習をしておきます。

　まず，因果関係とは，一般に，加害行為と損害発生との間に「あれなければ，これなし」という関係が認められ（条件関係），かつ，発生した損害の原因を加害行為に帰することが法的にみて相当であると評価できること（相当因果関係）を意味します

　次に，因果関係の立証に関する重要な概念として**高度の蓋然性**（☞**第12章Ⅲ 1**）があります。この「高度の蓋然性」は，実務上，概ね80％以上のことを意味するものと考えられています。

　ちなみに，この考え方は，因果関係の立証について，1 点の疑義も許されない自然科学的な証明ではなく高度の蓋然性で足りるとした点において，立証責任を負う側，つまり損害賠償を請求する側にとって有利な考え方ということもできますが，他方，高度の蓋然性が認められなければ因果関係が認定されないという意味では，損害賠償を請求する側にとって不利な考え方であるということもできます。例えば，加害行為から損害が発生する可能性が60％認められる場合であっても，損害額の60％の賠償が認められるということにはならず，高度の蓋然性が認められない以上，請求の全部が棄却されます。

　これに対し，上記のような場合に損害額の60％の賠償を認める考え方を割合的因果関係または確率心証論と呼びますが，わが国の民事裁判では，このような考え方を採用していません。

Ⅱ　民事裁判における因果関係の認定

1．医療事故における因果関係の認定①（死因）

> **事実の概要**
>
> 　Aは，急性の腹痛でY病院を訪れたところ，診察を担当したY医師は，問診や触診の結果，急性胃腸炎と診断し，Aを入院させて痛み止めの注射や輸液を行ったが，実はAは子宮外妊娠をしており，診察の2日後，腹腔内出血を起こし死亡した。

(1) 子宮外妊娠破裂による腹腔内出血の場合

　上記のような事例では，不法行為責任を追及する前提として，まず，Y医師に過失が認められる必要があります。ここでは，上記の事例を用いて因果関係の認定について説明をするため，一般的な水準の医師であればAの症状などから子宮外妊娠を疑うことが可能であり，かつ，Y病院で実施可能な妊娠反応検査やエコー検査などを行えば容易に子宮外妊娠が判明したにもかかわらず，Y医師には，これを怠った過失が認められることを前提とします。

　このようなケースでは，Y医師がAの子宮外妊娠を疑えば，妊娠反応検査やエコー検査などを行うことで容易にAの子宮外妊娠が判明したことから，仮にY病院では手術ができなかったとしても，他の病院に緊急搬送すれば，Aが死亡する前に緊急手術を行って子宮外妊娠破裂を防ぐことができたと考えられます。そうすると，Y医師が子宮外妊娠を見逃した過失とAの死亡との間には条件関係も相当因果関係も認められ，因果関係が肯定されます。

197

(2) 腹腔内出血の原因が特定できない場合

　上記(1)と同じくＹ医師に子宮外妊娠を見逃した過失が認められるとしても，Ａが子宮外妊娠とは無関係の動脈瘤破裂を起こし腹腔内出血により死亡した可能性が否定できない場合，Ｙ医師の過失とＡの死亡との間の因果関係が争点となることがあります。

　このようなケースでも，単に子宮外妊娠破裂以外の原因で腹腔内出血が生じた理論的・抽象的な可能性が認められるというだけでは，因果関係は否定されません。これに対し，解剖の結果などから子宮外妊娠破裂以外の原因で腹腔内出血が生じた具体的な可能性が一定程度認められれば，Ｙ医師の過失によってＡが死亡した高度の蓋然性が認められず，因果関係は否定されます。

　このように，死因究明によって，被害者の直接の死因（上記の事例では腹腔内出血）だけでなく，その原因（上記の事例では子宮外妊娠破裂）を明らかにすることが，民事裁判における因果関係の認定に重要な意味を持つことがあります。

2．医療事故における因果関係の認定②（救命可能性）

　次に，上記の事例を用いて被害者の救命可能性が問題となるケースを考えてみましょう。上記1(1)では，緊急手術が実施されていればＡの命は救われたという前提で説明をしました。しかし，事案によっては，Ａに何らかの既往症があり手術ができないことや，手術をしても成功しない可能性が高いことがあります。このような場合，Ｙ医師の過失がなかったとしても，Ａの死という結果を回避することはできないため，因果関係が否定されます。

　このようなケースでは，Y医師の過失がなければ，つまり，Y
医師が検査等を適切に実施しAの子宮外妊娠が判明していれば，
Aが死亡しなかった可能性（**救命可能性**）について，高度の蓋然
性の有無を検討することになります。例えば，AがY病院を訪れ
てから子宮外妊娠破裂により死亡するまでの時間が短く，緊急手
術を実施するための時間がなかった場合や，Aに既往症があり手
術を実施することが困難であった場合には，Aが死亡しなかった
高度の蓋然性は認められず，因果関係は否定されます。これに対
し，抽象的に手術しても助からなかった可能性があるという程度
であれば，それだけで因果関係が否定されることはありません。

　したがって，上記のようなケースでは，死因究明により，腹腔
内出血が起こった時間などを解明し，どの時点で手術を行ってい
ればAの救命可能性があったのかについても明らかにすることが，
因果関係の認定にあたり重要な意味を持ちます。

3．医療事故における因果関係の認定③（過失の競合）

事実の概要

　Bは，自転車を運転中にCの運転する自動車と接触する交通
事故に遭い，D病院に救急搬送されたが，診察を担当したD医
師は，軽微な事故であると考え，傷の消毒や抗生物質の処方を
しただけで，Bを帰宅させた。その後，Bは自宅で就寝中にけ
いれん等の症状を起こしたため，家族が119番通報し，救急搬
送されたが，搬送先の病院で死亡した。

　この事案では，Cには自動車運転手として遵守すべき注意義務を怠った過失が，Dには医師として適切な診療行為を行うべき注意義務を怠った過失が認定されており，それぞれの過失とBの死亡との間の因果関係が問題となります。

裁判所の認定したD医師の過失

「交通事故により頭部に強い衝撃を受けている可能性のあるBの診療に当たったD医師は，外見上の傷害の程度にかかわらず，当該患者ないしその看護者に対し，病院内にとどめて経過観察をするか，仮にやむを得ず帰宅させるにしても，事故後に意識が清明であってもその後硬膜外血しゅの発生に至る脳出血の進行が発生することがあること及びその典型的な前記症状を具体的に説明し，事故後少なくとも6時間以上は慎重な経過観察と，前記症状の疑いが発見されたときには直ちに医師の診察を受ける必要があること等を教示，指導すべき義務が存したのであって，D医師にはこれを懈怠した過失がある。」

---

(1) 裁判所の判断

　上記の事例において，控訴審判決（東京高判平成10年4月28日判時1652号75頁）は，本件のようなケースでは，各加害行為の寄与度に応じて被害額を案分し，各不法行為者が責任を負う損害賠償額を分別して認定するのが相当であると判示した上で，本件交通事故と本件医療事故の寄与度をそれぞれ5割と認定しました。

　これに対し，最高裁は，上記の考え方を否定し，CおよびDは，Bの損害の全部について連帯して賠償責任を負うと判示しました。

最判平成13年3月13日民集55巻2号328頁

「本件交通事故により，Bは放置すれば死亡するに至る傷害を負ったものの，事故後搬入されたD病院において，Bに対し通常期待されるべき適切な経過観察がされるなどして脳内出血が早期に発見され適切な治療が施されていれば，高度の蓋然性をもってBを救命できたということができるから，本件交通事故と本件医療事故とのいずれもが，Bの死亡という不可分の一個の結果を招来し，この結果について相当因果関係を有する関係にある。したがって，本件交通事故における運転行為と本件医療事故における医療行為とは民法719条所定の共同不法行為に当たるから，各不法行為者は被害者の被った損害の全額について連帯して責任を負うべきものである。本件のようにそれぞれ独立して成立する複数の不法行為が順次競合した共同不法行為においても……，被害者との関係においては，各不法行為者の結果発生に対する寄与の割合をもって被害者の被った損害の額を案分し，各不法行為者において責任を負うべき損害額を限定することは許されないと解するのが相当である。けだし，共同不法行為によって被害者の被った損害は，各不法行為者の行為のいずれとの関係でも相当因果関係に立つものとして，各不法行為者はその全額を負担すべきものであり，各不法行為者が賠償すべき損害額を案分，限定することは連帯関係を免除することとなり，共同不法行為者のいずれからも全額の損害賠償を受けられるとしている民法719条の明文に反し，これにより被害者保護を図る同条の趣旨を没却することとなり，損害の負担について公平の理念に反することとなるからである。」

(2) 過失の競合と因果関係

　本事例において，最高裁は，本件交通事故における運転行為
（Cの過失行為）と本件医療事故における医療行為（Dの過失行
為）に共同不法行為が成立し，CとDは，Bに生じた損害の全額
について連帯して賠償責任を負う，と判示しました。

参照条文

民法719条1項　数人が共同の不法行為によって他人に損害を加
　　えたときは，各自が連帯してその損害を賠償する責任を負
　　う。共同行為者のうちいずれの者がその損害を加えたかを知
　　ることができないときも，同様とする。

　本判決は，本件交通事故と本件医療事故とのいずれもが，Bの
死亡という結果について因果関係を有すると認定していますが，
この前提には，「本件交通事故により，Bは放置すれば死亡するに
至る傷害を負ったものの，事故後搬入された被上告人病院におい
て，Bに対し通常期待されるべき適切な経過観察がされるなどし
て脳内出血が早期に発見され適切な治療が施されていれば，高度
の蓋然性をもってBを救命できたということができる」という事
実認定が前提となっています。

　これに対し，例えば，交通事故による傷害は死に至るようなも
のでなかったが，搬送先の医師が誤った投薬をして被害者を死亡
させた場合，交通事故と被害者の死の間には，条件関係は認めら
れるものの，相当因果関係は認められません。したがって，その
ようなケースでは，医療事故を起こした医師のみが損害賠償責任
を負うことになります。

4．因果関係が認定できない場合の救済

(1) 問題の所在

これまで述べてきたように，患者が死亡した医療事故においては，医師の過失がなければ高度の蓋然性（概ね80%）をもって当該患者を救命することができたことが立証されなければ，相当因果関係が認められず，医師の不法行為は成立しません。

しかしながら，例えば，医師の過失が認定されたにも関わらず，救命可能性が70%程度しか認められないからといって，医師が一切の損害賠償責任を負わないのは，不合理であるように思われます。そこで，このような場合に，適切な治療を受ける権利（期待権）の侵害などを理由に，不法行為責任が認められないかということが議論されるようになりました。

(2) 「相当程度の可能性」の侵害による損害賠償責任

上記のようなケースで，「**医療水準にかなった医療が行われていたならば患者がその死亡の時点においてなお生存していた相当程度の可能性**」の侵害を理由に不法行為の成立を認めたのが，最判平成12年9月22日民集54巻7号2574頁です（☞p.94）。

ただし，最高裁は，因果関係について「相当程度の可能性」の立証で足りると判示したわけでなく，患者が死亡時点で生存していた「相当程度の可能性」が侵害されたことについて不法行為が成立する，と判示していることに注意が必要です。そのため，「相当程度の可能性」が侵害されたことによる精神的損害（慰謝料）の賠償のみが認められ，死亡による逸失利益等は認められません。

本章のポイント

● 高度の蓋然性の立証がなされなければ，因果関係が認められず，損害賠償請求は棄却される（因果関係の立証の程度に応じて損害賠償を認める考え方は採用されていない）。

● 被害者の死因や救命可能性が不明である場合，高度の蓋然性の立証ができず，因果関係について真偽不明に陥り，損害賠償請求が棄却されることがある。

● 過失の競合について，最高裁は，寄与度に応じて損害賠償責任を案分するという考え方を否定し，それぞれの過失と結果との間に相当因果関係が認められる場合には，共同不法行為として各行為者が連帯して損害全体について賠償責任と負うと判示した。

● 死因究明によって，被害者の直接の死因だけでなく，その原因を明らかにすることが，民事裁判における因果関係の認定に重要な意味を持つことがある。

● 被害者の救命可能性の認定にあたっても，死因究明が重要な役割を果たすことがある。

● 因果関係が認定できない場合でも，過失行為がなければ被害者が死亡時点においてなお生存していた相当程度の可能性が認められれば，精神的損害（慰謝料）について賠償が認められることがある。

第15章

民事裁判と死因究明

I　はじめに

1．本章の目標

　人の死が関わる事件について不法行為の成否が争われる民事裁判では，当事者の主張や立証に基づき，事実認定がなされ，最終的に不法行為責任の成否が判断されます。本章では，具体的な事案を題材に，民事裁判における立証活動について説明します。

　本章の主な目標は，以下の3つです。

本章の目標

① 民事裁判における鑑定の意義や手続について知る。

② 民事裁判における証人尋問の意義や手続について知る。

③ 民事裁判において死因究明が果たす役割について知る。

２．民事裁判における立証活動

　これまで学んできたように，人の死が関わる民事紛争において
は，過失の有無や因果関係の有無が争点となることが多く，それ
ぞれの判断にあたり，死因究明が重要な役割を果たします。

　例えば，過失の認定にあたっては，その前提として死因の特定
が必要になります。死因が不明であれば，死という結果を回避す
る措置や，予見可能性の「予見」の対象も不明ということになる
からです（☞**第13章Ⅱ**）。また，因果関係の認定にあたっても，死
因究明が重要な役割を果たします。因果関係は，具体的な死亡結
果や救命可能性との関係で問題になるからです（☞**第14章Ⅱ**）。

　民事裁判において，当事者に争いがある場合，裁判所は，当事
者の立証に基づき事実を認定して，当事者の請求に理由があるか
否かを判断します。したがって，民事裁判においても，死因究明
に関する鑑定や証人尋問が重要なポイントとなります。

Ⅱ　民事裁判における立証活動

１．鑑定

(1) 鑑定とは何か

ア　鑑定の意義

　鑑定とは，専門的な知識や経験（学識経験）を有する鑑定人
が述べる意見を証拠資料とする証拠調べのことをいいます。

　鑑定人には，鑑定に必要な学識経験を有する者が選任され，複数の鑑定人が指定されることもあります。ただし，一定の利害関係がある者は鑑定人となることができません（民事訴訟法212条2項）。なお，鑑定に必要な学識経験を有する者には，**鑑定義務**があります（同条1項）。

　医療事故に関する民事裁判（民事医療訴訟）においては，大学附属病院等から候補者の推薦を受け，鑑定人が指定されます。

イ　鑑定の事前手続

　鑑定を実施するかどうかは，当事者の申出を受けて，裁判所が決定します。民事医療訴訟においては，通常，証人尋問や当事者尋問をした後に鑑定申請が行われます。

　鑑定の申出をするときは，鑑定事項を記載した書面を提出しなければなりません（民事訴訟規則129条1項）。相手方も，鑑定事項について意見を述べることができます（同条3項）。

　裁判所は，当事者の意見を踏まえて鑑定事項を決定し，鑑定事項を記載した書面を鑑定人に送付します（同条4項）。

ウ　鑑定の手続

　鑑定の手続は，呼出し，宣誓，鑑定事項の告知，鑑定意見の報告という順で行われます。鑑定意見の報告は，書面または口頭で行われます（民事訴訟法215条）。鑑定人が鑑定意見を書面で報告する場合の書面を鑑定書といいます。

　鑑定意見の報告が口頭で行われるときは，まず，鑑定人が鑑定事項についての意見を陳述し，次いで，裁判長，鑑定申出当

事者，相手方当事者の順で，鑑定人に対し質問をます（同法215
条の２）。鑑定人に対する質問事項は，鑑定人の意見の内容を明
瞭にし，またその根拠を確認するために必要な事項に限定され
ます（民事訴訟規則132条の４）。

(2) 民事医療訴訟における鑑定

専門家の医学的知見を訴訟に適切に反映させるためには，鑑定
事項を適切に設定することが重要になります。

ア　判断の基準時について

過失の有無は，鑑定時の医療水準ではなく，**行為当時の医療
水準**に照らして判断されます。これに対し，**死因**の特定や**因果
関係**の有無は，**鑑定時の知見**を用いて判断されます。このよう
に鑑定事項によって裁判所の判断の基準時が異なることから，
鑑定事項を設定する際には，鑑定人が判断の基準時を誤解する
ことのないよう留意する必要があります。

また，医師の不作為（適切な医療行為をしなかったこと）と
結果との間の因果関係が争点となる事案などでは，統計資料や
医学的知見に関する資料等が重要になるため，これらの資料を
用いて鑑定することや鑑定報告の際にこれらの資料を提示する
ことを，鑑定事項として求めておくことが有益です。

イ　救命可能性・延命可能性について

最高裁は，因果関係が証明されない場合であっても，「医療水
準にかなった医療が行われていたならば患者がその死亡の時点
においてなお生存していた相当程度の可能性」の存在が認めら

れるときは，不法行為に基づく精神的損害（慰謝料）の賠償を認めているため，患者が死亡したケースでは，救命の可能性や延命の可能性が問題になることがあります。

このような場合，医療水準にかなった医療が行われていた場合の救命可能性や延命可能性についても，鑑定事項に記載しておく必要があります。

ウ　死因について

死因についての解剖所見がない場合，死因を特定するのが困難になることがあります。また，後述する事案のように，被害者が病院に搬送されてから短時間で死亡したケースでは，検査結果や臨床状況に関する資料が少なく，死亡に至る機序（メカニズム）の認定が困難になります。

そこで，このようなケースでは，死亡に至る機序を認定するための鑑定事項を記載することが重要になります。

2．証人尋問

(1) 証人尋問とは何か

ア　証人尋問の意義

証人尋問とは，証人が直接経験した事実等に関する証言を証拠資料とする証拠調べのことをいいます。

証人となることができる者は，当事者以外の第三者に限られます。証人は，過去に自身が経験した事実等について陳述するため，鑑定人と異なり，専門的な知識や経験は求められません。

なお，わが国の裁判権に服する者は，原則として**証人義務**（出頭義務，宣誓義務，供述義務）を負います（民事訴訟法190条）。

証人は，一定の場合には証言を拒絶することができ，例えば，証人または一定の近親者が刑事上の訴追または有罪判決を受けるおそれがある事項に関しては，証言を拒絶することができます（同法196条）。また，医師や弁護士等が職務上知り得た秘密に関する事項については，患者や依頼人など本人が黙秘義務を免除しない限り，証言を拒絶することができます（同法197条）。

イ　証人尋問の申出（人証申請）について

証人尋問の申出は，証明すべき事実を特定してしなければなりません（民事訴訟法179条）。また，証人尋問の申出は，証人を指定し，尋問見込時間を明らかにしたうえで，個別具体的に記載された尋問事項書を提出してしなければなりません（民事訴訟規則106条，107条1項，同条2項）。当事者の申出を受けて裁判所が決定するのは，鑑定と同様です。

ウ　証人尋問の手続

証人尋問の手続は，裁判所が期日に証人を呼び出したうえで，裁判長が人定質問を行い，宣誓の趣旨を説明し，偽証の警告をした上で，宣誓書を朗読させ，これに署名押印させる方法で宣誓を行います（民事訴訟規則112条）。

証人尋問は，まず，尋問を申し立てた側の当事者が**主尋問**を行い，次に，相手方当事者が**反対尋問**を行い，最後に裁判官が**補充尋問**を行うという順で実施されるのが一般的です。このようなやり方を**交互尋問**といいます。

　なお，証人は，証人尋問期日前に，証言する内容を記載した陳述書を作成し，裁判所に提出するのが実務上の慣行です。この陳述書は，法的には書証となりますが，争点を整理する機能や，主尋問の内容を相手方に開示する機能も有しています。

(2) 民事医療訴訟における証人尋問

　民事医療訴訟において，死因や過失，因果関係が争点となるケースでは，鑑定に先立ち，医師等の証人尋問が行われるのが通例です。後述する事案においても，被告病院の医師の証人尋問のほか，遺族側が請求した医学専門家の証人尋問が行われています。

ア　患者の診察や診療を担当した医師の証人尋問

　患者の診察や診療を担当した医師の証人尋問は，被告側の申出により実施されるケースが典型ですが，被害者が医療事故発生後に別の病院で診察等を受けていたような場合は，当該病院の医師の証人尋問が原告の申出により行われることもあります。

　患者を診察した医師の証言は，被害の発生に至る機序を明らかにするために極めて重要ですし，死因の特定や過失・因果関係の認定をする上でも重要な意味を持つことから，民事医療訴訟においては，患者を担当した医師の証人尋問（当該医師が被告になっている場合には当事者尋問）が行われるのが一般的です。

　被告側の医師は，第三者というより当事者の立場に近いため，証言の信用性について慎重に吟味する必要があります。場合によっては，証言の信用性を判断するため，証言内容を裏付ける医学文献等の提出を求める必要があります。

イ　患者の診察や診療を担当していない医師の証人尋問

　患者の診察や診療を担当していない医師の証人尋問としては、当事者から求められて医学専門家として意見書を提出した医師について実施されるケースが典型です。

　当事者が自らの主張を裏付けるために医学専門家の意見書を提出した場合、この意見書は、学識経験者が作成した点で鑑定書に近い性質を有しますが、裁判所が選任した鑑定人が法令に基づく手続により実施する鑑定と異なり、専門性の担保や前提事実の確認がなされていないため、作成者に直接質問をして信用性について慎重に判断する必要があります。また、相手方当事者に反対尋問の機会を保障する必要もあることから、重要な意見書については、作成者の証人尋問が行われるのが通例です。

　作成者としては、証人尋問に先立ち、意見書に、自らの経歴や、専門、臨床経験、意見の参考にした医学文献、前提とした事実関係等を記載するとともに、必要に応じて、当該意見を裏付ける医学文献を添付する必要があります。

3．証拠の評価と自由心証主義

　鑑定や証人尋問は民事裁判において実施される証拠調べにすぎず、裁判所が鑑定結果や証言内容に拘束されることはありません。裁判所は、判決をするにあたり、口頭弁論の全趣旨および証拠調べの結果をしん酌して、自由な心証により、事実認定を行います（民事訴訟法247条）。これを**自由心証主義**といいます。

　自由心証主義の下では、証拠方法は限定されず、裁判官は、適

法に行われた証拠調べから得られた証拠資料の全てをしん酌することができます。また，裁判官は，当事者の陳述内容や証人の証言態度など審理に顕れた一切の状況をしん酌することができます。

　さらに，いかなる証拠にどの程度の証拠価値を認めるかについても，裁判官の判断に委ねられます。これを**証拠力の自由評価**といいます。もっとも，これは裁判官の恣意的な判断を認めるものではなく，論理法則（一般的かつ基本的な法則）や経験則（日常の経験から帰納される事物の因果や状態について知識や法則）に反する判断をすることは許されません。

　以下，これらの基礎知識をもとに，民事医療訴訟の具体的事案において，どのような立証活動が行われ，裁判官がどのような判断をしたのかについて見ていきます。

Ⅲ　民事医療訴訟の具体的事例

1．ある民事医療訴訟

　第6章において，実際の民事医療訴訟を題材に，民事裁判の流れや民事訴訟法の基本事項を説明しましたが（☞**第6章Ⅲ**），当該事案では，被害者の死因が大きな争点となり，当事者の主張だけでなく，医学専門家の意見が相反し，裁判所の判断も，第一審と控訴審とで異なる結果となりました。

　ここからは，上記の事案を題材に，民事医療訴訟における立証活動（鑑定）の結果と裁判所の判断について説明します。

(1) 事案の概要

　本件は，患者Aが，Y病院で診療中に死亡したことにつき，Aの遺族Xが，Yに対し，約6,600万円の支払いを求めて損害賠償請求訴訟を提起した事案です。事実の詳細については，第6章を参照してください（👉**第6章Ⅲ**）。

　この事案では，B医師の医療行為に問題があったことは事実関係から明らかでしたが，過失の有無について判断する前提として，Aの死因が大きな争点になりました。遺族Xは，Aの死因につき，不安定型狭心症から切迫性急性心筋梗塞に至り心不全を来したことにあると主張しましたが，Y病院は，Aの死因としては，心筋梗塞，解離性大動脈瘤，胸部大動脈瘤，脳出血（とりわけ高血圧性脳出血）が考えられるが，特定はできないと主張しました。

(2) 死因を認定するための証拠

　民事裁判において，裁判所は，当事者間に争いのある事実を認定する際は，原則として当事者が申し出た証拠によらなければなりません（弁論主義の第3原則（👉**p.80**））。被害者の死因を認定するための証拠としては，鑑定意見や専門家の証言のほか，解剖所見や意見書，各種の検査資料（心電図検査，X線写真，CT画像，MRI画像等），カルテ等の診療記録などが考えられます。

　本事案では，第一審において，医学専門家2名（C，D）による鑑定と医学専門家Eの証人尋問が実施されたほか，医学専門家Fの意見書が提出されました。また，控訴審において，原告の申出により医学専門家Fの証人尋問が行われています。なお，本件では，Aの解剖は実施されていないため，解剖所見は存在しません。

(3) 鑑定意見の要旨

ア　鑑定人Ｃ

　鑑定人Ｃは，死亡約１か月前に撮影されたＡの胸部Ｘ線写真と死亡当日のＸ線写真を対比し，Ａの心胸比が46パーセントから62パーセントに著名に拡大していること等から，まず，後壁心筋梗塞が起こり，引き続いて広汎な梗塞が起こり，急速に心不全となって，心原性ショック状態に陥ったと判断しました。

　その上で，鑑定人Ｃは，解離性大動脈瘤は，本件のように電撃的経過で心不全に至り，チアノーゼを呈して心肺停止するという経過をたどるものではなく，また，胸部Ｘ線写真における上縦隔陰影の幅から見て解離性大動脈破裂は考えにくく，過去の写真上も動脈瘤は指摘し得ない，との鑑定意見を述べました。

イ　鑑定人Ｄの鑑定意見

　これに対し，鑑定人Ｄは，Ａの主たる症状が背部痛であったこと，痛みが心窩部にも移転または拡大したこと，心窩部痛が自発痛ではなく圧痛であったことは，いずれも急性心筋梗塞の症状としては稀であり，また，急激に死に至るような急性心筋梗塞では，梗塞の範囲が広範であるか，致死的不整脈を伴うのが普通であるところ，前者では，発症直後よりショック状態あるいは心不全状態に陥るのが普通で，本件のように自動車を運転したり，病院到着後歩いたりすることは不可能であり，後者では，動悸，めまい，失神等の発作が出現しやすいが，本件ではそのような症状が急変まで認められないとして，臨床的に通常見られる症状から確率論的に考察した場合，Ａの死因を積極

215

的に心筋梗塞とすることは困難であると判断しました。

　そして，鑑定人Dは，本件では，判断の資料となる医学的デ
ータが極めて限られるため死因を明確に特定することは困難で
あると断った上で，Aの死因として最も考えられるのは，下行
大動脈を中心とする解離が進行して大動脈が破裂したことであ
るとし，その理由として，疼痛が背部痛から始まって拡大し，
心窩部に拡大又は移動したこと，昭和59年頃から胸部レントゲ
ン写真に大動脈弓の突出が認められており，大動脈解離の主要
な原因である大動脈硬化が進展していた可能性が高いこと，急
変時の症状は大動脈の破裂であり，また，集中治療室における
腹部膨満は大動脈から腹腔内への大出血であると説明できる，
との鑑定意見を述べました。

2．裁判所による死因の認定

　上記のとおり，本事案においては，被害者の死因について鑑定
人2名の鑑定意見が分かれましたが，裁判所の判断も，第一審判
決と控訴審判決とで異なることとなりました。

(1) 第一審判決（東京地判平成7年4月28日民集54巻7号2598頁）

　第一審判決は，Aが心筋梗塞であった可能性を否定することは
できないとしつつ，鑑定人Dの鑑定結果を重視し，Aの症状は，
大動脈解離の自覚症状としては典型的とはいえないものの，Aが
大動脈解離であった可能性を否定することもできないと判示しま
した。そして，第一審判決は，客観的見地からAの死因が急性心

筋梗塞か大動脈解離かを確定することはできない以上，Aの死因が心筋梗塞であると認定することはできないと判示したのです。

　つまり，第一審判決は，Aの死因が急性心筋梗塞であった可能性は否定できないものの，大動脈解離の可能性も否定できないことから，死因の特定には至らなかったと判断したことになります。

(2) 控訴審判決（東京高判平成 8 年 9 月26日民集54巻 7 号2611頁）

　控訴審判決は，まず，Aの解剖が実施されていないため，その死因については病歴や事実経過等から推察せざるを得ないと断った上で，Aの死因に関する医学専門家の意見を比較検討しました。

控訴審判決の判断

　「〔医学専門家〕の各意見（……鑑定人Dの意見を除く。）を総合すれば，Aの死因としては，不安定型狭心症から切迫性急性心筋梗塞に至り，心不全を来したことにあると認めるのが相当である。……鑑定人Dは，Aの病態を急性心筋梗塞と判断することは困難であるとしているが，その理由として挙げる諸点（痛みの発生場所，その移動ないし拡大，自動車の運転及び歩行）は，必ずしも急性心筋梗塞を否定する根拠となるものではなく，かえって同鑑定人がいうように大動脈解離の可能性があるとすると，Aの現実の病態に合わない点（上行大動脈解離にしては痛みの程度が軽く，寛解もしていること，下行大動脈解離にしては痛みの発生位置が高く，かつ，急激な転機を経ていること）もあることが前掲の他の医学専門家によって指摘されていることに照らして，採用し難い」

　本事案においては，解剖が実施されておらず，死因の認定は非常に困難であったと考えられます。しかしながら，控訴審判決は，複数の医学専門家の意見を比較検討した上で，病歴や事実経過等をも踏まえて，Aの死因が急性心筋梗塞であると認定したのです。

(3) 死因以外の事項についての控訴審および上告審の判断

　最後に，Aの死因以外についての控訴審判決および最高裁の判断について説明します。

　まず，Aの救命可能性につき，控訴審判決は，認定された死因（急性心筋梗塞）を前提に，Aの発症が急激であったこと，狭心症と診断してから心電図等の措置をとるまでには10分程度の時間を要すること，Y病院には集中治療室が設置されていたが，CCUと評価し得る組織であったとは認められないこと，わが国の救急病院の実情から見て，早期の時間帯に，蘇生を必要とする10分ないし25分の間に救命可能性のある治療を高い水準で施行することを求めるのは現実的に困難であることなどからすると，適切な治療をすればAを救命することが可能であったと認めることはできないと判示しました。そして，上告審判決（最判平成12年9月22日民集54巻7号2574頁）もこの判断を是認し，本件では医師の過失と被害者の死亡との間の因果関係は認められず確定しました。

　もっとも，本件において，最高裁は，「医療水準にかなった医療が行われていたならば患者がその死亡の時点においてなお生存していた相当程度の可能性」があったと認定し，B医師の過失によって上記可能性が侵害されたとして，Yに対し精神的損害（慰謝料）の賠償を命じています（☞p.94）。

本章のポイント

● 民事医療訴訟において，被害者の死因や過失，因果関係が
争点となるケースでは，医師等の医学専門家の鑑定や証人
尋問が実施されることが多い。

● 民事医療訴訟における鑑定では，判断の基準時（過失につ
いては行為時，死因や因果関係については鑑定時）を意識
した鑑定事項を設定することが重要である。

● 民事医療訴訟における死因や過失，因果関係の認定にあた
っては，鑑定や証人尋問，意見書等による医学専門家の意
見が重要な役割を果たす。

〔主な参考文献〕

• 兼子一（原著）=松浦馨=新堂幸司=竹下守夫=高橋宏志=加藤新
太郎=上原敏夫=高田裕成『条解民事訴訟法〔第２版〕』（弘文
堂，2011年）

• 裁判所職員総合研修所監修『民事訴訟法講義案〔３訂版〕』（司
法協会，2016年）

• 髙橋譲編著『医療訴訟の実務〔第2版〕』（商事法務，2019年）

<編者紹介>

田中 良弘 （たなか よしひろ）　【編者代表】

　立命館大学教授・新潟大学客員教授・弁護士。博士(法学)。専門は行政法。
　検事，一橋大学特任准教授，新潟大学教授等を経て，2021年4月より現職。

稲田 隆司 （いなだ たかし）

　新潟大学教授。専門は刑事訴訟法。熊本大学法学部助教授，同学部教授，
　新潟大学実務法学研究科教授を経て，2017年より同大学法学部教授(現職)。

若槻 良宏 （わかつき よしひろ）

　弁護士(弁護士法人青山法律事務所)，新潟県弁護士会会長(2021年度)，元
　新潟大学准教授(民事訴訟法・倒産法)。企業再生やM＆Aなどを取り扱う。

信山社ブックレット

テキストブック
法律と死因究明

2021(令和3)年9月30日　第1版第1刷発行

Ⓒ編　著　田中良弘・稲田隆司
　　　　　若槻良宏
　　発行者　今井　貴・稲葉文子
　　発行所　株式会社 信　山　社
〒113-0033　東京都文京区本郷 6-2-9-102
　　Tel 03-3818-1019　Fax 03-3818-0344
笠間才木支店　〒309-1611　茨城県笠間市笠間 515-3
　　Tel 0296-71-9081　Fax 0296-71-9082
笠間来栖支店　〒309-1625　茨城県笠間市来栖 2345-1
　　Tel 0296-71-0215　Fax 0296-72-5410
　　　出版契約 No.2021-8170-01011

Printed in Japan, 2021　印刷物・製本 亜細亜印刷／渋谷文泉閣
ISBN978-4-7972-8170-5 C3332 ¥1800E 分類 321.000
　　　p.232　8170-01011:012-010-005

法学六法／池田真朗・宮島司・安冨潔・三上威彦・三木浩一

　　　　小山剛・北澤安紀 編集代表

ブリッジブック法学入門(第2版)／南野 森 編

法を学ぼう／三上威彦 編著

民法研究 第2集 1～9号 続刊／大村敦志 責任編集

プロセス講義 民法 I ～VI／後藤巻則・滝沢昌彦・片山直也 編

不法行為法における法と社会 ― JR東海事件から考える

　　／瀬川信久 著

不法行為法 I・II (第2版)／潮見佳男 著

＜授業中＞刑法講義 ― われ教える、故にわれあり／高橋則夫 著

ブリッジブック刑法の考え方(第3版)／高橋則夫 編

ブリッジブック刑事裁判法／椎橋隆幸 編

プロセス講義 刑事訴訟法／亀井源太郎・岩下雅充・堀田周吾・

　中島宏・安井哲章 著

医事法辞典／甲斐克則 編

医事法六法／甲斐克則 編

医事法講座 1～11巻 続刊／甲斐克則 編

医事法研究 1～3号 続刊／甲斐克則 責任編集

行政法研究 1～40号 続刊／行政法研究会 編

信山社

◆ 信山社新書 ◆

タバコ吸ってもいいですか ― 喫煙規制と自由の相剋
　児玉 聡 編著

感情労働とは何か
　水谷英夫 著

スポーツを法的に考えるⅠ ― 日本のスポーツと法・ガバナンス
　井上典之 著

スポーツを法的に考えるⅡ ― ヨーロッパ・サッカーとEU法
　井上典之 著

婦人保護事業から女性支援法へ ― 困難に直面する女性を支える
　戒能民江・堀千鶴子 著

この本は環境法の入門書のフリをしています
　西尾哲茂 著

侮ってはならない中国 ― 喫いま日本の海で何が起きているのか
　坂元茂樹 著

年金財政はどうなっているか
　石崎 浩 著

市長「破産」― 法的リスクに対応する自治体法務顧問と司法の再生
　阿部泰隆 著

オープンスカイ協定と航空自由化
　柴田伊冊 著

東大教師　青春の一冊
　東京大学新聞社 編

信山社